居住の貧困

本間義人
Yoshihito Honma

岩波新書
1217

まえがき

戦後六十数年たつ今日なお、住宅問題は私たちにとって「古くて新しい問題」です。しかも、それはもっぱら「住宅政策の問題」だといえます。そのことを炙《あぶ》り出したのが、二〇〇八年の暮れから翌新年にかけて、東京・日比谷公園に設けられた「年越し派遣村」でした。

派遣村は、ユニオンなどの労組や反貧困ネットワークなどが実行委員会を組織して立ち上げ、失業者たちに食事やテントなどの支援活動が行われました。首を切られ、社員寮を追い出された失業者たちが、全国各地から集まり、開催から二日で二五〇人を超えたといいます。

これに先立つ〇七年一月、フランスではホームレスや母子家庭など居住困難に陥っている人たちがパリのサンマルタン運河沿いにテントを張り、「屋根の下で暮らす権利＝居住権」を主張するデモンストレーションを行っていました。このニュースを知っている日本人は少ないかもしれません。仮に知っていたとしても、私たちはそれを他人事のように捉えていたのではないでしょうか。ところが、その一年後に日比谷公園で起きたことはサンマルタン運河での出来事の延長線上にあったのです。しかし、それぞれの政府がとった対応はまるで違うものでした。

米国に端を発した経済危機が引き金となって、〇八年末以降、国民の住まいをめぐる居住貧困・居住格差・居住不安が拡大しています。住む場所がなくなり、年越し派遣村に集まった人たちはそれを象徴するものでした。そのように適切な住居を確保できない低所得者をはじめ、正規雇用につけない若年労働者、あるいは高齢単身者が増えているのをよそに、一方では「億ション」が即日完売するような様相はだれが見てもいびつです。こうした状況が、今日の日本が直面している住宅問題だといえます。

こういう状況がどうして生じたのでしょうか。一時的には、米国におけるサブプライムローン破綻の連鎖反応による経済危機が影響したものとしても、中期的には中曽根民活、小泉構造改革以降、住宅政策における「公」の役割が「縮小」というより「撤退」してしまったことによる歪みといっていいでしょう。

一九九六年六月、イスタンブールで開催された国連人間居住会議(ハビタットⅡ)において発せられた「われわれは国際文書(一九四八年、国連総会で採択された『世界人権宣言』)において定められた適切な住居についての権利を十分かつ着実に実現する」という「イスタンブール宣言」に日本も署名しています。にもかかわらず、本来「公」が担うべき住宅政策を市場化と競争原理の中に放り出し、居住の確保を個人の責任としてきているところに、居住貧困・格差・不安が広がり、住宅問題が深刻化してきている背景があります。

その大きな要因は、日本では「イスタンブール宣言」がほとんど顧みられていないように、国民の人権としての居住権をないがしろにしてきた住宅政策の怠慢と、それに基づいた法制度の欠陥にあることは間違いありません。なかでも小泉構造改革は、住宅問題を是正するどころか、むしろ加速・激化する法制度を構築してしまったのです。そこに最大の問題があるといっていいでしょう。

小泉構造改革の中で国民の居住にもっとも大きなダメージをもたらしたのは、三位一体改革です。三位一体改革とは、自治体への国の補助金を削減し、税源移譲に伴って交付金制度を設けたものです。この改革により地方自治体が低所得者を対象に建設する公営住宅に関しては、二〇〇五年に公的賃貸住宅特措法(地域における多様な需要に応じた公的賃貸住宅等の整備等に関する特別措置法)が制定され、建設補助金が廃止されることになり、代わりに交付金制度が創設されました。同年度、新たに予算化された公営住宅への交付金は、前年度までの補助金の一〇分の一でしかありませんでした。加えて公営住宅の家賃収入補助(建設に関わる用地費の金利負担分の補助金)も廃止されました。

この法制度は、自治体に公営住宅建設への意欲を喪失させ、また同時に行われた公営住宅法と地方住宅供給公社法の改正により、公営住宅や公社住宅の管理を他にゆだねることを可能にしました。つまり、これは公営・公社住宅の市場化促進であり、自治体が地域の住宅問題から手を引くことを加速させることになったのです。

さらに構造改革の一環として行われた特殊法人改革によって、都市基盤整備公団(旧日本住宅公団の後身)が廃止され、代わりに新規賃貸住宅建設を行わない都市再生機構(UR)が設置されました。また同様に住宅金融公庫も住宅金融支援機構に改組されました。これらは公営住宅の後退により、低所得層が大きな影響を蒙ることになったばかりか、中堅所得層の住宅問題をも顕在化させることになったのです。

ここに見られる発想は次のようなものです。すなわち、一世帯一住宅はすでに実現し、空き家も多く存在することから、住宅問題はすでに解決済みである。しかし、これはまったく誤った認識です。しかも、住宅問題に支出する金はないという財政至上主義、民間でできることは民間でという市場原理優先の政策が住宅政策においても貫徹されていることがはっきりとうかがえます。こうした状況を背景として、住宅政策の市場化を総仕上げしたのが、〇六年に制定された住生活基本法です。

住生活基本法は、住宅建設計画法に代わり制定されたものです。しかし、長い間、住宅運動団体などが制定を求めていた「住宅基本法」とはまるで異なる内容の「基本法」でした。つまり、居住に関わる基本法であるとしたら、「イスタンブール宣言」に記された国民の人権としての居住権について当然、明記しなければなりません。しかし、この住生活基本法では、居住権について曖昧なばかりか、住宅政策について国、自治体が負うべき責務に関しても明確に規定されず努力規定としています。代わりに詳しく書き込まれているのは、住宅関連事業者の住宅市場への参加の仕組みです。

さらに、住生活基本法を上位法として、今日、居住不安にさらされている人たちを対象とした住宅セーフティネット法（住宅確保要配慮者に対する賃貸住宅の供給の促進に関する法律）やホームレス自立支援法（ホームレスの自立の支援等に関する特別措置法）とどう関係するかなども、明確に触れられてもいません。つまり、居住の場を追われた人たちをどうするかが法制度ではきちんと整理されていないのです。ここに、年越し派遣村に大勢の人たちが集まらざるをえなかった理由の一つが存在したのでした。

住宅問題が長期的に見て「古くて新しい問題」であり続けている大きな理由として、次のようなことが指摘できます。すなわち、住宅政策の役割とは本来、国民の人権としての居住権を保障するうえで社会政策の一環として展開されなければならないはずです。しかし日本では、それが経済政策を補完するものとして位置づけられ、かつ展開されてきたのです。とくに高度成長期以降の小渕、橋本内閣が景気対策として住宅政策を利用した様相には目に余るものがありました。景気浮揚につながらない施策は無視され、景気刺激に直結する世帯向けの持ち家取得策だけが重視されました。ここに、今日直面している住宅問題の遠因の一つがあるといっていいでしょう。

日本で初めて住宅政策が制度化されたのは、一九一九年に内務省社会局が策定した「小住宅改良要綱」にさかのぼります。その中の公的住宅供給策(ささやかなものでしたが)や不良住宅地区改良事業は、まさしく社会政策の一環として実施に移された経緯があります。戦後、内務省が解体されると、新設された厚生省と戦災復興院がその役割を担い、戦後復興住宅の建設に当たりました。その目的が戦災で住居を失った国民に等しく最低限の住居を提供することにあったのはいうまでもありませんでした。

この風向きが変わるのは、戦災復興院が建設院を経て、一九四八年に建設省となり、住宅政策・住宅行政が一元化されることになってからです。この一元化の結果、公営住宅法などの法制度があいついで整備されていくことになりますが、しかし、それらは戦後復興、高度成長を促進するためのツールとして、つまり経済政策を補完する政策としての位置づけのもとに展開されていくことになったのです。これがやがて小泉構造改革につながり、いま住宅問題に直面している国民の多くは、そのツケを払わされているわけです。

派遣村の出現に、その政治的責任を問われるのを恐れた政府は、一時、霞が関の厚生労働省講堂を宿舎として開放し、その後、雇用促進住宅の空き家や一部公営住宅への入居斡旋などを行いました。しかし、取られた対策はそれだけで、根本的対策は実施されていません。

一方、住まいなき人たちがサンマルタン運河でアピールを行ったフランスではどうだったのでしょうか。当時のシラク大統領は、かれらの声に応えて「繁栄のそばに極度の貧困がある現実と戦うために居住権を基本的権利に据える必要がある」と演説し(『朝日新聞』二〇〇七年一月八日付朝刊)、ドビルパン政府は三カ月を経ずしてホームレスや母子家庭など居住困難な人たちに住まいを保障する略称「住宅人権法」(DALO法)を制定したのでした。

この違いはたぶん、彼我の政治家の人権感覚の違いによると考えていいでしょう。日本では憲法第二五条に「①すべて国民は、健康で文化的な最低限度の生活を営む権利を有する。②国は、すべての生活部面について、社会福祉、社会保障及び公衆衛生の向上及び増進に努めなければならない」と記し、人権としての国民の生存権を宣言しています。しかし、政治家や官僚にとっては、それは「建前」でしかなかったのでしょう。かれらが住宅政策を経済政策としていいように利用してきたのは、かれらの人権感覚が希薄であり、その趣旨の実現に本気でなかったからです。

生存権を基礎とした国民の居住権保障に関しては、法律学的解釈も消極的で、すでにその議論は終焉しているとの考えが大勢を占めています。しかし、政策的には国がその実現に責務を有しているのはいうまでもありません。その時々の国家の社会経済的なレベルに沿って、その目標に向けて政策的に実現されなければならないものです。それには住宅政策を社会政策としてまず復権させるしか、国民の居住貧困・格差・不安を解消することはできません。

本書ではそうした観点から、日本が今日直面している住宅問題の状況を検証し、どうしてそのような状況が生まれることになったのか歴史的に分析します。そのうえで、問題を打開するための出口はあるのかどうか、各国の先進的実例を参考にしながら考えていこうと思います。いま住宅問題を検証するということは、日本が今後、どういう国家社会をめざすのかということに関わる重要なものだと考えるのです。

目　次

第一章　住む場がなくなる

年末年始に行き場がない人たちを支援しようと開設された「年越し派遣村」の開村式（2008 年 12 月 31 日，東京・日比谷公園．写真提供＝共同通信社）

二一世紀に入り一〇年近くを経て見舞われた経済危機を「一〇〇年に一度の未曾有の事態」という向きがあります。しかし、おそらくこの一〇〇年間で、住宅問題がもっとも激しいかたちで国民を襲ったのは、太平洋戦争の戦中・戦後といっていいでしょう。この戦争中、日本全国で約二一〇万戸の住宅が空襲によって焼失しています。また強制的な取り壊しにあった住宅なども含めると、敗戦時における住宅不足はおよそ四二〇万戸におよんだのでした。

戦前の東京生まれで東京育ちの私は、戦争が終わり疎開先から帰ろうにも東京には住む場所がなく、やむなく千葉市内に当時の住宅営団(戦中に国が設立した公的住宅供給組織)が工場労働者のために建てた劣悪な共同住宅に入り、雨露をしのぐことになった経験をしています。炊事場、洗面所、トイレは共用、そこをさまざまな職業の焼け出された人たちが仮のねぐらとしていました。私には、その情景が、いまも強烈な記憶として残っています。

空襲は富裕層も低所得層も関係なく、都市という都市のすべての国民に襲いかかりました。したがって、貧富の差なく住宅を失うことになったのが当時の住宅問題でした。だれもかれも住む場所を求めて右往左往せざるをえなかったのでした。その意味で住宅問題は国民に平等のものとして存在していたといっていいでしょう。ここが今日の住宅問題と異なるところです。

「住宅問題」とはいうまでもなく、人間が人間として暮らすうえで、適切な広さの住宅を、適切な価格（家賃負担）で、適切な場所に確保できないでいる状況を指します。それが今日、低所得層、なかでも若年の非正規労働者や母子家庭、あるいは高齢者世帯を中心に広がってきています。つまり、戦後すぐの状況とは異なり、社会的弱者を中心に住宅問題が直撃しているのです。これまでにない「ハウジングプア（住まいの貧困）層」が出現しているわけで、その意味でこれはやはり「一〇〇年に一度の未曾有の事態」といっていいのかもしれません。

1　住宅政策不在の象徴

「ハウジングプア層」の出現

私たちが衝撃を受けたのは、この「ハウジングプア層」の出現がまさに劇的なかたちで、つまりさまざまな事件として、つぎつぎに顕在化したことです。それが常識的な想像力を超えるものだったので、それだけ衝撃も大きかったのです。しかも、それらの多くは、住宅政策の無策、あるいは不在に起因しています。そうした出来事は二〇〇八年から〇九年にかけて、さまざまなメディアで集中的に伝えられたので、記憶している人も多いはずです。まずはそれらを時系列に沿って整理しておきましょう。

二〇〇八年一〇月、大阪・難波の繁華街の雑居ビルにあった個室ビデオ店で、店にいた男が放火し、一六人が死亡、一〇人が負傷する痛ましい火災が発生しました。個室ビデオ店は、現在では、繁華街のあちこちにあり、安い料金で過ごせることで知られています。ビジネスホテルなどより安いので、終電に乗り遅れたサラリーマンたちがよく利用しています。東京・新宿歌舞伎町の雑居ビルの店の入り口には、二時間一〇〇〇円の看板が掲げられていましたが、なかには一晩(一〇時間)二〇〇〇円という激安の店もあります。一・五畳ほどの狭い個室の中には長イス兼ベッド、薄い毛布があります。ここでDVDなどを六本まで無料で見ることができ、それを見ながら始発電車を待つわけです。

ところが、大阪・難波の個室ビデオ店で放火の犠牲になったのは、そうした人たちではありませんでした。警察の調べでは、犠牲者の大半が決まった住所、職業がなく、ここを住居代わりにしていた人たちだったというのです。しかも発作的に放火したという容疑者自身、借金苦で生活に行き詰まって、この店を住居代わりにしていた常連だったのです。

ここで問題なのは、人びとが犠牲になった場所の特異性(こうした店の多くが建築基準法、消防法違反であるのが国土交通省や総務省消防庁の調査により判明しています)という点ではありません。その核心は、住まいをなくした人たちが個室ビデオ店一店にそれだけいたということでしょう。これは氷山の一角にすぎません。見えない部分には、ネットカフェやカプセルホテル、簡易旅館、ファーストフード店、さらには路上などのさまざまな場所で、一夜を過ごさざるをえない人たちが大量に存在するのを、その気になれば垣間見ることができるはずです。

ゼロゼロ物件

二〇〇八年秋、ついで明るみに出たのは「ゼロゼロ物件」と称される賃貸アパートの存在です。「ゼロゼロ物件」とは、敷金ゼロ、礼金ゼロ、仲介手数料ゼロをうたい文句にした賃貸アパートを指します。まず一カ月分の家賃さえ払えればいいので入居しやすく、近年、アルバイトや非正規労働などで日々しのいでいる若年層の間に利用者が増えています。

この存在が明るみに出たのは、家賃支払いが数日遅れただけで部屋の鍵を交換され、さらに違約金を支払わされたのは違法だとして、そうした物件に入居していた五人が、同年一〇月、不動産管理会社を相手取り、損害賠償を求める訴訟を東京地裁に起こしたことによります。原告の一人の訴えによると「夜勤明けで寝ていたら、とつぜん入ってきた不動産会社の社員に起こされ、すぐに出て行けと、目の前で鍵を変えられた。家賃が支払い日に間に合わないとそういうことが何回もあった」というのです。被害対策弁護団(宇都宮健児団長)のところには、こうした違約金、部屋への無断立ち入り、鍵交換、荷物撤去などの訴えが、同年秋までに数十件寄せられており、提訴に踏み切ったということです。

東京・西新宿にあるゼロゼロ物件専門の不動産管理会社の店頭

延滞家賃の取立てや鍵の交換にあたっているのは物件を管理している不動産管理会社のほか、保証人のいない入居者に保証人の代わりを務める家賃保証会社です。公的法人による保証制度が機能していないこともあって、こうした家賃保証会社を利用する人が近年増えています。日本賃貸住宅管理協会によると、民間賃貸住宅の契約で家賃保証会社を利用する契約は〇七年度、全契約の二五パーセントを占めるといいます。契約者の四分の一にあたる人が保証人を立てられない無縁、孤独な境遇にあるのです。そういう人たちが食い物にされているわけです。

東京・西新宿にあるゼロゼロ物件を専門に扱う不動産管理会社の店の前には、ピンク色で縁どられた物件紹介が貼られ、店内には数人の若い人たちが見えます。ゼロゼロ物件を利用する人の多くは、身寄りがないなどの事情があって、住宅を確保するのに保証人を立てられない人だったり、あるいは、まとまったお金がない、とりあえず住居を確保して就職に必要な住民票を手にしたいといった事情を抱える人たちです。

業者の中には、借地借家法に基づかず、一時的に鍵を使えるという「施設付鍵利用契約」で入居させている場合が多くあります。したがって家賃支払いが遅れると、この契約により鍵を交換されてしまうことになるのです。これはまさに社会的弱者を食い物にしている「貧困ビジネス」といっていいでしょう。これが居住権侵害にあたるのは明らかで、あるいは恐喝罪にあたるといっても過言ではありません。

派遣村へ

こうした状況は、ワーキングプア状態にある人たちがいかに当たり前のねぐらを確保するのにきびしい状況にあるかを示しています。そして、「今日的ホームレス」の存在をとくに明るみに出したのが「年越し派遣村」でした。そこには、不景気の中で人件費削減に踏み切った自動車メーカー、IT企業、電機メーカーなどの工場で派遣切りや雇い止めに遭い、それまで住んでいた会社の宿舎を追い出されて住む場を失った人たちが年末年始に大勢集まりました。なかには首を切られて絶望のあまり、自殺寸前の状態にあった人や、はるばる自動車産業の街、浜松から徒歩でたどり着いた青年などもいました。

これらの人たちは文字通りホームレスとなり、最後の救いの手を求めて、東京・日比谷公園の派遣村に集まってきたのです。派遣村は、ボランティアの人たちでつくった「派遣村実行委員会(湯浅誠村長)」によって設営されました。派遣村に集まった人は一時、五〇〇人を超え、公園内に設営されたテントだけでは収容できず、主催者側が交渉して厚生労働省の講堂を開放させたほどでした。

この情景がメディアで伝えられると大きな反響を呼び、その世論に押されるかたちで国は、それらの人たちに対し生活保護申請の受理、空き室の雇用促進住宅、公営住宅への入居斡旋などの対策を打ち出しました。ところが、具体的に成果があったのは一月中に三〇〇人近い人たちが東京都千代田区などで生活保護を受けられることが決まっただけです。雇用促進住宅の入居斡旋のほうは、立地が遠い、家賃負担が大きいなどの理由により入居したのはごく少数に限られました。

雇用促進住宅は厚生労働省が所管する賃貸住宅で、かつては炭鉱離職者が多く利用していました。全国に約一四万戸あり、その空き室をこれまで必要だった連帯保証人や敷金ともに不要で貸し出すということだったのですが、斡旋が行われたのは、首都圏では電車で一時間半、さらにバスで三〇分といったところの住宅でした。ここに住んだら就職活動も難しいし、仮に就職が決まっても通勤するのも大変です。

都市再生機構(UR)賃貸住宅への入居斡旋も行われるということでしたが、それは家賃が高いか、遠距離の入居募集中の団地に限られ、現に空き室が大量にあった東京都足立区の花畑《はなはた》団地などは対象外とされました(次節参照)。この団地は交通の便がよいところにあり、しかも建築後かなり経っているので家賃が安い。住まいを確保できないでいる人たちにとってはまたとない住居になるはずなのに、ここに入ることは認められませんでした。URが考えていたのはビジネスであって、政府の要請に基づき、住居を確保できないでいる人たちに対してセーフティネットを張る役割を果たすことではなかったのです。

また厚生労働省は、契約を解除した非正規労働者を宿舎から退去させずに無償で貸与した企業に対し、一カ月四万～六万円を半年間に限り助成するという制度を設けましたが、これも機能しませんでした。というのも、この制度は、雇用保険に加入しているか、未加入でも半年以上雇用されている人を対象としていたからです。契約解除にあった非正規労働者の多くは、そうした条件を満たしていませんでした。

この間にも大企業の非正規労働者の派遣切り、雇い止めはとどめを知らず、〇八年秋から〇九年夏までにその数は二〇万人を超えました。にもかかわらず、それらの人たちの住まいに対する有効な施策は何ひとつ打ち出されなかったのです。わずか半年の間におそるべき数の住宅難民が出現していたことになりますが、史上かつてない規模のものといっていいでしょう。

ホームレス自立支援法の形骸化

日本になお路上や橋下、公園、駅舎などに「古典的ホームレス」が存在するのはいうまでもありません。厚生労働省の「全市区町村における目視調査」の結果では、その数は全国で一万六〇〇〇人余(二〇〇八年)で、多い順に大阪四三三三人、東京三七九六人、神奈川一七二〇人などとなっています。超高層の東京都庁舎がそびえる真下の西新宿の新宿中央公園に青い色のテントが並ぶ光景は、だれが見ても異様です。この場合、なかにはその生き方に関わる問題もあるかと思われますが、しかし、それら多くの人たちに対する有効な施策もなかなか打ち出されないままなのです。

たとえば東京都の場合、そうした人たちの自立のための生活保護法の保護施設は一〇カ所(定員九〇一人)しかなく、常時満室で半年から一〇カ月の待機が日常化しています。その他の公的救護施設、宿所提供施設も同様です。だからテントで暮らすか、簡易宿泊所に行くしかありません。ここに見るように生活保護制度自体が、住まいの確保を必要としている人たちに対し、セーフティネットとして機能を果たしていないのが現状です。

その結果として、戦後六十数年たってなお先進国日本では、住まいを確保できないでいる人たちが多数存在しています。そして、それが社会問題と化し、深刻な住宅問題を生じさせているわけです。どうしてこのような事態がなかなか解消されないでいるのかが問題です。その理由はかなりはっきりしています。すなわち、住宅政策において対象とすべき、そうした社会的弱者に対する施策がまったく機能していないからです。

近年、そうした人たちを対象とした法律が制定されています。すなわち前述したように「住宅セーフティネット法（住宅確保要配慮者に対する賃貸住宅の供給の促進に関する法律）」（二〇〇七年）、「ホームレス自立支援法（ホームレスの自立の支援等に関する特別措置法）」（二〇〇二年）などです。

住宅セーフティネット法では、第一条で住宅確保要配慮者のために賃貸住宅供給の促進を図るとされており、第三条では、そのために国と地方自治体は必要な措置を講ずるよう努めなければならないとしています。必要な措置とは、ここでは第三条の施策の目標において「住宅への入居の支援等による安定した居住の確保」を実施すると記されています。つまり国と自治体をあげて、それらの人たちの居住を確保する公共賃貸住宅の供給と民間賃貸住宅への円滑な入居を図るとしています。なかでも、もっとも効果的なのは、家賃の安い単身者向けなどの公営住宅を供給することです。

ところが東京都では、石原慎太郎知事になってからの九年間、都営住宅の新規建設はゼロです。この結果、二〇〇八年五月の募集では、募集戸数九五六戸に対して申込者数は約五万五〇〇〇人、平均倍率は六〇倍に近かったのです。前年九月の場合は平均倍率が約五〇・五倍、車椅子使用者向けは五三倍、高齢者向けに至っては七八・八倍というものでした。東京都の場合は極端ですが、しかしほかの自治体も似たり寄ったりです。

大阪府の場合では、住まいのない人たちを救済するどころか、ホームレス自立支援法が制定されているにもかかわらず、〇七年二月には、世界陸上開催を理由に東住吉区長居公園のホームレスの青テントを強制撤去し、逆に住む場を奪っています。この強制撤去はメディアでも大きく伝えられましたが、つまり、国も自治体も法律の趣旨を無視して平気でいるのです。

住宅政策と福祉政策の非連続性

しかも住宅セーフティネット法は国土交通省の所管、ホームレス自立支援法は厚生労働省の所管です。縦割りのシステムが優先していて、両者の連携はまったくないに等しいのです。どんな法律をつくっても、それが施策化されなければ意味がないのはいうまでもありません。代わりに国はその役割の多くを民間に任せてきたのです。だから、いったん不況に襲われ、民間がそれまで任せられてきた役割を放り出すことになると、あるいは締め付けをきびしくすると、収拾がつかなくなってしまうのです。今日の住宅問題はその結果として起きたものと理解していいでしょう。

この根底にあるのは、住宅政策が福祉政策などとリンクして展開されてこなかったことにあります。国民の居住を保障することが憲法で保障された生存権（第二五条）を確立するうえで不可欠の要素とすれば、それを具体的に展開するには、住宅政策は福祉政策とリンクせざるをえないはずです。さらに住宅政策は労働政策ともリンクされなければならないでしょう。それらが横断的に展開されてこなかったのが最大の問題なのです。

厚生労働省によれば、〇九年一月時点での全国の生活保護世帯数は一一六万八〇〇〇世帯で過去最多となっています。前年同月に比べると五万二五〇〇世帯も増えているのです。生活保護世帯は、生活に困窮する低所得層の数を示す指標の一つです。これがその後どう推移するにしても、住宅政策が大きく転換しない限り、これらの人たちが、生存権が保障されていると認識しうる、よりましな住まいを確保するのはきわめて困難といわざるをえません。

2　奪われる居住――市場化の行過ぎ

公共住宅の家賃を民間並みに

非正規労働者の住まいを結果的に奪うことになった派遣切りや雇い止め。その背景に、派遣業種が原則自由化された労働者派遣法の改正があるのは、あらためて指摘するまでもないでしょう。一九八六年に通訳などの専門業務を対象に制定された同法は、徐々に派遣可能な業務を拡大してきましたが、小泉構造改革による市場化政策の一環として、二〇〇四年に製造業への派遣が可能になる法改正が行われました。それにより、低賃金で不安定な立場に置かれた労働者が拡大していくことになります。同時に、実態は派遣なのに人材派遣会社などの派遣元が指示を出す請負に見せかける、いわゆる偽装請負なども急速に増えてきたという経緯があります。

同様に、市場拡大を意図した住宅政策により、現に住居に住んでいるのに、その住まいを奪われる人たちも続出していくことになります。それは主に、公共住宅に関わる施策を、市場化を進めるためのものに改変したことに大きな原因があります。

その第一号となったのが公共賃貸住宅に対する「近傍民間同種家賃」の適用でしょう。これは小泉構造改革を先取りして九六年に、まず公営住宅に対し行われました。当時の建設省によれば、公営住宅法の「法制定以来の抜本改正」により実施されることになったもので、公営住宅の家賃を入居者の収入と住宅の立地条件、規模などに応じて設定するとし、具体的には、近くの同種の民間賃貸住宅の家賃の上限を超えないものにする。つまり、〈家賃算定基礎額×市町村立地係数×規模係数×経過年数係数×利便性係数〉という計算方式により、近くの民間賃貸住宅並みまでは値上げしてよいことになったのです。

公営住宅はいうまでもなく低所得層を対象にしており、政策的に家賃を低く抑えているところに特徴があります。それが近くの民間賃貸住宅と変わらない家賃になってしまい、公営住宅の特徴が失われることになったのです。本来、公共住宅の役割の一つには、民間賃貸住宅の家賃を公共住宅のそれに近づかせる（誘導する）ことがあるはずです。それにより住宅市場を安定化させる役割を担っていたのです。ところが、この法改正はそうした役割を放棄して、逆に民間住宅の家賃に値上げの口実を与えることにしてしまったのでした。

この公営住宅法の改正にしたがって、二〇〇〇年以降、地方住宅供給公社、都市基盤整備公団（現ＵＲ）の賃貸住宅も近傍民間同種家賃を採用し、これにより、定期借家権（次項で説明）の更新時に住まいを退去せざるをえない人たちが出ることになったのです。とくに首都圏の大規模団地とその周辺で混乱が起きており、たくさんの事例が住宅運動団体に報告されています。

居住保護より大家の財産権

定期借家権は、「良質な賃貸住宅等の供給の促進に関する特別措置法」に基づく借地借家法の改正により二〇〇〇年三月から施行されています。通常二年間の契約期間が切れれば、正当な理由がなくても家主が契約更新を拒否できるというものです。つまり、従来の借地借家法では居住者保護の側面が強く打ち出されていましたが、この改正により大家の権利が前面に出ることになったのです。現に住んでいる人たちの居住権より大家の財産権のほうが優先されるというわけです。

借地借家法は賃貸住宅供給を抑制している、あるいは契約期限を切った定期借家権制度を導入すれば、家族向け借家の供給が増える――そんなわけのわからない市場拡大策として、新自由主義の経済学者たちや不動産業界の主張を国が受け入れ、法改正が実施に移された経緯があります。その結果、この定期借家権による賃貸契約で賃貸住宅に入居している場合、契約更新時に家賃の値上げを求められることが多くなり、これを拒否すると退去せざるをえなくなるケースが増えてきているのです。ほとんどの場合、家賃値上げが二年おきに実施される結果になっています。これが民間賃貸住宅だけでなく、一部の公共賃貸住宅にまでおよんでいるのです。

民間支援への転換として

公共賃貸住宅の市場化は〇三年にさらに拡大されていくことになります。それを決定的にしたのが特殊法人改革の一環として同年六月に国会で可決された、旧日本住宅公団の後身である都市基盤整備公団の廃止と、これに代わる独立行政法人都市再生機構(UR)の設置でした。これにより新組織は民間誘導の支援組織と化すことになってしまったのです。

つまり、新組織URの業務は次のようなものです。①民間再開発の条件整備＝大規模な工場跡地などの土地利用転換や市街地整備のための民間による都市再生の条件整備、②民間による賃貸住宅などの建築物の整備および管理の誘導＝経営ベースに乗りにくい家族向け賃貸住宅の敷地を整備・賃貸(定期借地)することにより、民間賃貸住宅事業を支援する、③民間による再開発事業や建築投資の支援＝民間事業者に多様な方法により、民間都市再生事業の完遂を支援し共同事業者になる、④その他、賃貸住宅の管理などの業務。URの業務は、こうしたものに限られ、新規賃貸住宅の建設は行わないことになったのです。それまでの公団は少なくとも「国民支援」の業務を行ってきましたが、新組織は「民業支援」のそれに大きく転換することになるのです。

実は、空き室が多く、派遣切りや雇い止めで住む場所を失った人たちが入居を切望した足立区の花畑団地は、URが民間事業者と再開発を行うために新規入居を中止している団地の一つでした。そのため、一九六三年に完成した同団地は、二七二五戸のうち約一〇〇〇戸が空き室のままにされているにもかかわらず、行き場のない人たちの入居を拒否したのです。二〇〇九年二月には、住まいのセーフティネットの構築を訴える人たち約一〇〇人がこの団地を訪れ、空き室への入居を求める集会を近くで開いた(URは団地内での集会を認めなかった)のがメディアで伝えられ、大きな反響を呼びました。

東京都心まで地下鉄などを乗り継いで一時間足らずの同団地は民間事業者にとってまたとない再開発地で、URにとっても大きな資産です。国の出資による組織が、現に住居に困窮している人たちより民間への支援を優先するような組織になってしまった例がここにあるわけです。

URは二〇一八年までにこのようにして約五万戸の賃貸住宅を減らし、再開発を行うと伝えられています。その対象団地の人たちは住まいを失うことになります。

団地からの追い出し

近年は、このURを含め自治体などがPFI（プライベート・ファイナンス・イニシャティブ）により、民間との共同事業に乗りだすケースも増えています。PFIは民間の資金と経営ノウハウを活用して公共事業を行うもので、九九年にPFI法が施行され、小泉政権下で積極的に導入されてきた経緯がありますが、この手法が住宅の分野にまで広がってきているのです。その典型的な例が団地の建替え事業です。この団地の建替え事業が増えるのと比例して、団地から退去せざるをえなくなるケースが続出しています。

大阪・千里《せんり》桃山台《ももやまだい》第二団地の建替えはPFI事業ではありませんが、建替えに反対して団地からの退去を拒否していた入居者に対して、建替え事業を請け負ったデベロッパーが立ち退きを求める訴訟を起こし、これが最高裁まで争われる事態に発展しています。

千里桃山台第二団地は、JR新大阪駅から北大阪急行線で一〇分足らずの千里ニュータウンの桃山台駅の東側に広がる一七棟三八〇戸のURによる分譲団地でした。団地が生まれてから四〇年以上経ちますが、五階建ての中層で、棟間の間隔が三〇メートルあり、豊かな植栽、優れた日照・通風など環境にも恵まれ、都心までのアクセスも便利です。ただし、入居者の高齢化は進んでいます(千里ニュータウン全体の高齢化率は二〇〇八年時点で約三〇パーセント)。

建替えにより全入居者が退出した大阪・千里桃山台第2団地

管理組合広報紙『竹の子』によると、ここで管理組合とデベロッパーの間で建替えの計画が持ち上がったのは二〇〇〇年ごろのことです。その後、建替え委員会が設置され、デベロッパーやコンサルタント会社と建替えのための調査、コンペ、計画作成の諸契約がなされ(これは手続き上問題が山積していると思われます)、〇五年三月、等価交換による建替え決議のための臨時総会を開き、一票差で建替えを決議します。これにしたがい建替えに賛成した入居者はつぎつぎと仮住まいに移っていくことになります。ところが、この建替えに反対して団地に居続けていた放示薫さんと笹原久子さんは、全戸売り渡しの決議をもとに建替え事業を行うことになったデベロッパーから明け渡し請求訴訟を起こされ、被告となってしまったのです。

これに対して放示さんらは、同年九月に開かれた第一回口頭弁論以降、自己所有の住宅を多数決により奪われていいのかどうか、多数決の前に財産権、居住権が侵害されていいのかを述べて、原告デベロッパーの主張の不当性を訴えました。しかし、一審の大阪地裁、二審の大阪高裁ともその訴えを退けて、デベロッパー側が勝訴することになり、最高裁上告中の〇八年一二月、明け渡しの強制執行が行われたのでした。また、これより先に同様に放示さんらとは別に訴訟を起こされていた千田靖子さんの三人家族に対する強制執行も行われています。訴訟審理中に執行が行われる異例の結末で、これらの人たちは住まいを失ったのでした。

この間、放示さんらは、同じ団地住民との葛藤や孤立、あるいは管理組合とデベロッパーからのいやがらせなどを経験し、そのため病気も進行してしまったそうです。

デベロッパーと団地建替え

どうしてこのような事態が起こることになったのでしょうか。これも小泉内閣による規制緩和と市場拡大策に大きく関わっています。つまり〇二年に行われた区分所有法(建物の区分所有に関する法)の改正です。

それまで同法の建替えに関する規定、第六二条は「老朽、損傷、一部の滅失により建物の価額に照らし、建物がその効用を維持し、または回復するのに、過分の費用を要するに至ったときは、集会において、区分所有者及び議決権の各五分の四以上の多数で、建物を取り壊し、かつ、建物の敷地に新たに主たる使用目的を同一とする建物を建築する決議をすることができる」とありました。ところが、これが「集会において、区分所有者及び議決権の各五分の四以上の多数で、建物を取り壊し、かつ、当該建物の敷地若しくは当該建物の敷地の全部若しくはその一部を含む土地に新たに建物を建築する決議をすることができる」と改正されたのです。

さらに第七〇条に「団地一括建替え」を認める規定が新設されました。その要点は「集会に於いて、五分の四以上の多数で、当該団地内建物につき一括して、その全部を取り壊し、かつ、当該団地建物の敷地に新たに建物を建築する旨の決議をすることができる。ただし、当該集会に於いて、当該団地内建物ごとに、それぞれの区分所有者の三分の二以上がその決議に賛成した場合でなければならない」というものです。つまり、この改正によって建替えに必要な老朽化などの客観的要件が消え、それまでは、各棟の五分の四以上の賛成が必要としていた規定もなくなり、各棟の三分の二以上が賛成し、加えて団地の五分の四の賛成で団地の一括建替えを行うことが可能になる規制緩和がなされたわけです。

これはデベロッパーにとっては新たな市場が用意されたことを意味します。新しい建物を同一敷地に都市計画で認められている容積率に基づき高層化して建てれば、これまで以上の数の住宅が建つことになります。従前居住者は等価交換による広さの住居に入居します。おそらく従前より広い住居になることはないでしょう。余分の住宅を売れば、その分だけ儲けになります。デベロッパーが団地の建替えに夢中になるはずです。

この法改正を積極的に法制審議会に働きかけて進めたのは小泉内閣の総合規制改革会議です。この会議の議長はオリックスの宮内義彦会長、メンバーには、リクルートの河野栄子社長、森ビルの森稔社長(いずれも当時)などがいました。ちなみに、前述の千里桃山台第二団地建替えを行うデベロッパーはリクルートの関連会社リクルートコスモスの後身であるコスモスイニシアと投資ファンドのユニゾン・キャピタルです。しかも、訴訟被告の千田さん側の弁護士熊野勝之氏によると、同ファンドにエクゼクティブ・コンサルとして宮内氏の名があるのが、きわめて不可解ということでした。

この桃山台第二団地の件は何を物語っているのでしょうか。それはいつ建替え問題が起きてもおかしくない分譲団地に住む高齢者にとって、安心できる「終の棲家」などはありえないということでしょう。東京・多摩ニュータウンをはじめ各地のUR、民間分譲団地で建替えが具体化していますが、おそらくどこでも起こりうるのがこの放示さんや千田さんのケースではないかと思われます。

3　しぼむ公共住宅の数

激減する住宅への公的負担

心痛むのは近年、日本では年間三万二〇〇〇人余の自殺者が出ていて、そのうちもっとも多いのが経済的理由、生活苦が原因であることです。また気になるのは、連日のように裁判所による競売物件の広告が新聞に載っていることで、しかも、その物件が「未曾有」の経済不況以降増えてきていることです。おそらく、マイホームを手に入れたものの不況によって失業したり、給料が減ったり、借金が増えたりなど、経済的な理由により住宅ローンを払えなくなったケースが多いのではないでしょうか。こうした現象と近年、自殺者が増えていることとは無関係ではないと思うのです。

ある日の広告には、東京都下で「売却基準価額」四五〇万円の２ＤＫ集合住宅があるかと思えば、一〇〇〇万円前後の土地付ミニ住宅がありました。このようにほとんどが高額の物件ではなく、むしろ慎ましいものです。それだけにそれらを手放した人たちの生活臭を感じざるをえません。その後、この人たちはどこに住むことになったのか、などと考えてしまいます。民間の賃貸アパートでしょうか。というのも、公共住宅に入居するのがなかなか難しくなってきているからです。その理由は公営、公社、URの公共賃貸住宅の新規建設が減少の一途をたどり、しかも、その入居資格がきびしくなってきているからにほかなりません。小泉構造改革以降、そうなったのです。

公営住宅の場合、小泉内閣による三位一体改革がその新規建設にストップをかけることになったと前述しましたが、それはどういうことを指すのでしょうか。つまり、三位一体改革は地方自治体に対し税源を移譲する代わりに補助金を廃止し、これを交付金に代えることにしました。これは公的賃貸特措法第七条に触れられていますが、その交付金は法律が施行された二〇〇五年度の場合、総額五八〇億円でした。この五八〇億円で公営住宅のほかにUR、特定優良賃貸など、全国のさまざまな公的賃貸住宅に関わる費用をカバーしようというわけです。うち公営住宅に対しては約三〇〇億円というのが国土交通省の説明でしたが、〇八年にはこれがさらに減額されて六一億円になってしまっているのです。

ちなみに、〇五年度の公共事業関係費(事業費ベース、地方負担分を含む)は総額一一兆四三〇〇億円、うち住宅対策費(木造住宅密集市街地改良費などを含む)は五八七〇億円です。三〇〇億円というのはその約二〇分の一でしかありません。これを単純に四七都道府県と市村町に割りふると、いくらになるのでしょうか。あるいは六一億円を割るとどういうことになるのでしょうか。この公的賃貸特措による新制度実施前の〇三年度における国の公営住宅予算は三四五〇億円でした。それがそんなにも減ってきているのです。これでは、地方は公営住宅をはじめ公的賃貸住宅の建設を放棄ないし撤退するしかありません。

前述したように、九六年の公営住宅法の改正により公営住宅建設の家賃収入補助（建設用地の金利負担分の補助金）も廃止されています。こうしたことは自治体に新規公営住宅建設の意欲を失わせ、撤退の口実を与えるものでしかありませんでした。その結果、全国の新規公営住宅建設戸数は〇一年に二万七八〇〇戸であったのが、〇六年には一万八〇〇〇戸に減り（図1－1）、〇八年には一万戸を割るまでに至っているのです。このように三位一体改革は公営住宅を直撃したのでした。

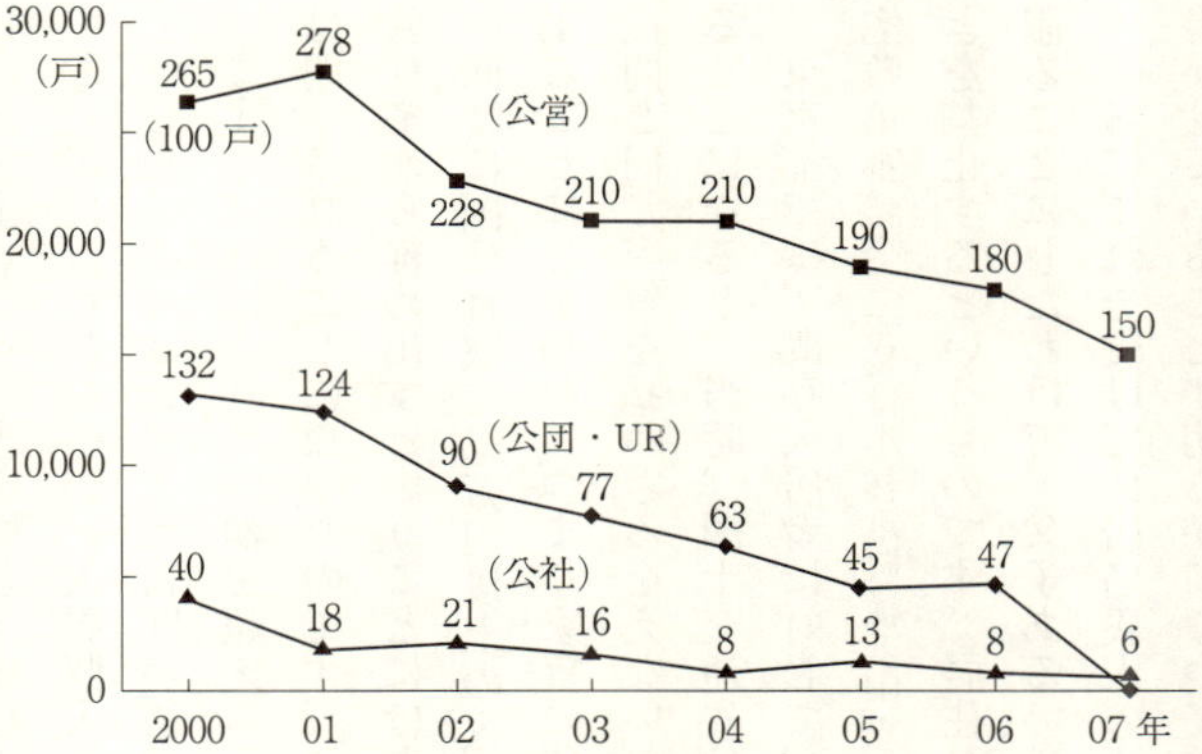

出典：国土交通省資料より作成

図1-1　全国の新規公共賃貸住宅建設戸数の推移

公営の入居率の厳格化

住宅数が増えないとしたら、入居希望者を絞るしかありません。入居資格をきびしくすれば、入居者枠の縮小に対応しやすくなります。そこで〇七年に行われたのが、入居収入基準を月収二〇万円から一五万八〇〇〇円に引き下げることでした。これは公営住宅制度が創設されてから初めてのことで、〇九年四月から実施されています。これにより基準額を超える所得、つまり年収一九〇万円以上の人は公営住宅への入居は閉ざされることになったのです。これは生活保護世帯より少し上の生活水準の人たちを、公営住宅から締め出すということにほかなりません。

同時に国は月収二〇万円以上の入居者に対し、近傍民間同種家賃(一四頁参照)を厳格に適用することにしました。つまり家賃の値上げです。入居しにくい、あるいは現に入居していても民間と同じ家賃を払わざるをえないのです。既存入居者の約一四パーセントがこの適用を受けることになると、当時、国土交通省は説明していました。

東京都では、既存入居者に対して、さらにきびしい制約を課すことになります。それは都住宅政策審議会(会長は小林重敬横浜国立大学教授=当時)の答申によるもので、子への居住権引き継ぎを禁止するというものです。居住名義人が死亡した場合、引き続き入居できるのは配偶者に限ることにしたわけで、父子あるいは母子世帯の子は住む場がなくなることになります。

さらにこれを受けて住居名義人の死亡後、遺族に「六カ月後以内に退去する」との誓約書を書かせていることが明らかになっていますが、東京都はこれにより新しい入居枠を広げようというわけです。本来は新規戸数を増やして住宅および生活困窮にある人たちの居住権を保障すべき自治体が、このように逆にそれを揺るがすことになってしまっているのです。これはどう見ても、自治体としての役割を放棄してしまったとしかいいようがありません。

国家の「ツケ」が地方住宅供給公社に

では、月収二〇万円以上の人たちが入居しうる公共賃貸住宅はあるのでしょうか。建前上は公営住宅の上にランクされている地方住宅供給公社住宅がありますが、これもほとんどの公社が新規建設をストップしていて、公社住宅に入居できる可能性はありません。〇八年に全国の公社で新規建設されたのは八〇七戸に過ぎません。それどころか全国の公社の中には組織をつぶして、団地をそっくり民間に売ろうとしているケースも出てきています。

それは前述しているように、地方住宅供給公社法の一部改正によるものです。これにより公社の自主的な解散規定が整えられたことによって、債務超過などの理由による経営難で、入居者の意向いかんにかかわらず恣意的な解散ができるようになったためです。たとえば、福岡県行政審議会は同県住宅供給公社について、〇二年に全国で初めて民営化の方針を打ち出しています。同公社の財務内容は明らかにされていませんが、公社住宅の家賃は民間に比べて安く、同審議会では「民間による事業が幅広く展開されており、特別法に基づく法人として存続させる意義は薄れている」「家賃が安すぎて採算性があるとは思えない。税金を使って民業を圧迫している」といった意見が出され、結局「住宅不足の解消という設立目的は達成しており、県財政を圧迫していることから考えて民営化すべきだ」との結論に達したというのです(『朝日新聞』二〇〇二年一〇月四日付、西部本社版)。

全国の地方住宅供給公社のうち、債務超過に陥って実質破産状態であるとされているのは、北海道、千葉県、長崎県です。また破算状態といえないまでも債務超過の公社は、国土交通省によると五公社あり、経常赤字のところが二二公社。それらのうち福島県、岩手県が廃止を予定していますが、なかでも深刻な千葉県の場合は、〇二年度、事業収入九六億円(赤字二二億円)に対し、金融機関からの借入金総額は九九一億円に達しています。この膨大な借入金が返済不能となるにおよんで、県債を発行するために堂本暁子知事(当時)から監査要求が出されるに至った経緯があります。しかし、なぜこのような債務超過になったのかを知ると、これがだれも腹を立てざるをえない理由なのです。

すなわち債務が膨大なものになったのは、公社幹部によると「経済活性化を理由に国や県から用地購入を勧められたため」ということで、県幹部は「バブル崩壊後の景気刺激のため、国が補助金を積んで、地方に公共事業をやらせた。県だけでは消化できず、公社にも事業を迫った」からだというのです(『朝日新聞』二〇〇三年一二月二八日付)。つまり同公社は、国がバブル崩壊後に行った景気刺激策という「国家的犯罪」の被害者といえるわけです。

このように各地方住宅供給公社も破綻寸前にあるので、仮に公営住宅から公社住宅に移ろうにも不可能に近いのです。むしろ公社団地は将来、民間に売却される可能性すらあるのです。とすると、入居するのはより難しくなるというものです。この自治体財政の状況、あるいは地域住民の居住確保より景気優先、民業優先という国の政策が、その後も変わっていないのはいうまでもありません。特殊法人改革によるＵＲの発足もその一例といっていいでしょう。

「団地再生」で家賃増額

ＵＲが新規賃貸住宅の建設を行わないことになったことは前述していますが、既存賃貸住宅については、その「団地再生・再編方針」によると、東京都内では赤羽台、多摩平、ひばりが丘などの賃貸二三団地で建替えをするとしています。老朽化した建物を建て替え、リニューアルして、狭いという入居者の不満に応え、同時に新たな需要を掘り起こすためと説明されていますが、これまでの例を見ると、これが既存入居者を追い出すことにつながっているのです。

たとえば、大阪市淀川区の東淀川団地の場合、２ＤＫ(三七・六三〜三八・〇八平方メートル)、月額家賃四万一二〇〇〜五万二〇〇〇円であったのが、建替え後に同型２ＤＫ(四九平方メートル)で減額終了後に九万七〇〇〇円になり、同住吉区の東長居団地では２ＤＫ(三八・五一〜四五・

二九平方メートル)、家賃三万六三〇〇〜四万六七〇〇円だったのが、建替え後同型2DK(四四〜五〇平方メートル)が減額家賃終了後に八万三〇〇〇〜九万三〇〇〇円になったのです。建替え直後の減額家賃が適用されているうちはともかく、それがなくなると、戻り入居の人たちは一斉に退去するのではないかと報告している調査があります。一〇平方メートル余規模が広がる対価が家賃二倍というのですから、一般的な勤労者はもちろん年金生活者などにとっては払いにくい額です。

入居者にとって日々の暮らしに直結する家賃の高低は、最大の問題であるのはいうまでもありません。だからUR賃貸住宅団地の中には、家賃が高いために入居を敬遠されて空き家が存在するところもあるくらいです。そこでは常時入居者募集が行われています。家賃を低くすれば、即入居者が集まるのにと思わざるをえない団地は全国に少なくありません(東京・高島平団地や建替え後の石神井公園団地などは典型的な例です)。

常時入居者募集をしている東京・高島平団地

マッチポンプの特殊法人改革

一方、ＵＲは既存団地の賃貸住宅を一〇年間で五万戸減らす方針でいますが、対象団地は北海道(一五)、福岡(一一)、大阪(四)、宮城、愛知、広島(各三)などと伝えられており、具体的には自治体や民間に売却するか、取り壊すことになるでしょう。それらの団地に居住している人たちはこの削減により、住む場を失うことになります。行き先がなかなか見つからないだろうことは、これまで述べてきた通りです。

本来、ＵＲ賃貸住宅は、公団時代に建築後七〇年で建築費を償還するものとして家賃設定がなされているはずです(だから、近傍民間同種家賃の考え方はもともとおかしいのです)。したがって、その軀体がなお十分安全なのに、事業創出のためという理由で同一団地で、一斉に、しかも画一的に建築後三〇年余で、現に入居者がいるにもかかわらず建替えが行われたり、また古くなったという理由で壊すこと自体、問題があるのはいうまでもないことです。一言でいえば、制度無視、入居者無視の横暴がまかり通っているのです。

前述したように、ＵＲは小泉内閣による特殊法人改革によって、特殊法人都市基盤整備公団が独立行政法人に衣更えして発足したものです。特殊法人改革は「民間でできることは民間で」をうたい文句としていましたが、実は当時公団には政府借入金一二兆円余があり、政府はこれを公団会計から切り離し、その健全性をアピールしたいがために改革に名を借りた法人格の変更を行い、民間事業にシフトすることにさせたのではないかという指摘があります。事実、その後も国はURを身軽にするために工夫を凝らしています。

二〇〇五年六月にさまざまな住宅関連法の改正が行われましたが、その中の一つ都市再生機構（UR）法の一部改正は、ニュータウン整備などまちづくり事業を一〇年間の「経過業務」として措置し、経理区分も別勘定として、この勘定に関わる政府貸付金（財投資金約三兆円）の繰上げ償還を行わせ、代わりに金利（財投保証料）約七〇〇〇億円を減免する（不良債権処理と同じ）というものです。すなわち「財務内容を身軽にしてやるよ」というわけです。

しかし、公団当時の借金を膨れ上げさせたのも政府そのものでした。地方住宅供給公社と同様、バブル崩壊後に景気回復のために国から指示され、大量の土地を取得しているのです。『住宅・都市整備公団史』は、政府の総合経済対策の目玉として「バブル崩壊後の経済の危機的状況に迅速かつ効果的に対処するためのいわば緊急対策事業であるため、公団においても従来の体制とは異なる特別な事業執行体制が敷かれ」、土地有効利用事業に乗り出したと書いています。つまり事業開始一〇カ月で五七カ所、七〇件、総面積二二・三ヘクタールを一〇〇〇億円で買ったというのです。こういう金が積もり積もって膨大な借入金になっているとしたら、政府の特殊法人改革とはマッチポンプのようなものでしかなかったといっていいでしょう。

第二章　いびつな居住と住環境

横浜・寿町の簡易宿泊所街

日本で戦後の住宅難解消のために大量の公共賃貸住宅が建設されることになるのは、高度成長にテイクオフする一九五〇年代も半ばになってからでした。公営、公団(旧日本住宅公団)、公社の法制度が整備され、なかでも三大都市圏には公団住宅が集中的に建設されることになりました。地方からつぎつぎに集まる勤労者の住まいに充てるためで、私も幸運にも公団が千葉県松戸市に建設した常盤平《ときわだいら》団地に入居することができました。

当時の公団住宅はほとんどが2DKで、まれに3Kと3DKがありましたが、建物自体は四階か五階建てで、こうした住戸が何千戸という規模で集まる団地が三大都市圏のあちこちにつくられたのでした。一戸でも多く住宅を供給するには、郊外の大きな敷地に、小さな住宅を一度に大量に建設するのが効率的です。だから狭かったし、通勤にも苦労しました。まわりを見ると、三〇代の入居者が圧倒的に多かったのです。この世代にとっては当時の家賃は高かった。公団住宅には「遠・高・狭」の代名詞がつけられたものです。しかし、これら「団地族」はそれに耐えて頑張り、のちの一億総中流時代の中核を形成することになります。

その後の日本の住宅事情を見てみると、この団地を出て、次のステップの住宅、つまり、より居住水準の高い住宅を確保することが可能だったかどうかが、以降、人びとの間に居住格差、あるいは居住環境格差が生まれる分かれ目になっている気がします。もちろん、そうした中間層の上下には絶対的居住富裕層、絶対的居住貧困層も存在します。そのようにして始まる居住階層別に人びとの現在の居住状況を見た場合、住宅政策が焦点を当てなければならないのが、居住水準をなかなか改善できないでいる層であるのはいうまでもないことです。

1　広がる居住格差

山谷の居住形態

大阪の個室ビデオ店の火災で多数の犠牲者が出て、それら住む場のない人たちへの対策が問題になったとき、東京都の石原知事は「山谷のドヤに行ってごらんなさいよ。二〇〇〇円、三〇〇〇円で泊まれる宿はいっぱいあるんだよ。そこに行かずにだな、何か知らんけど、ファッションみたいな形で、一五〇〇円というお金を払って、これは大変だ、孤立している、助けてくれっていうのも」といって物議を醸《かも》したことが伝えられています。石原都知事のいう「山谷《さんや》」は、昔から住む場のない人たち、つまり居住階層の下のほうにランクされる人たちが集まるドヤ街（簡易宿泊所街）として知られるところです。その山谷と呼ばれる地域はいまもあります。しかし、都知事がいったような二、三百円で泊まれるところなどありません。また、正確には一山谷」という地名もないのです。

JRあるいは地下鉄の南千住駅《みなみせんじゅ》から歩いて一〇分、一九六六年に住居表示制度が実施されるまでは東京都台東区浅草山谷と呼ばれた地域は、清川、日本堤、東浅草、橋場、荒川区南千住といった地名になっています。ここになお数十軒の簡易宿泊所があります。ただし宿泊費の相場は、各区が生活保護のうちの住宅扶助の上限として認める一泊二〇〇〇円前後です。

なかには外国人やビジネスマン向けに改装した一泊三〇〇〇～五〇〇〇円のところや、相部屋・二段ベッドで一泊一〇〇〇円のところもあります。女性専用のフロアがあるビジネスホテルもあります。しかし、圧倒的に多いのは二〇〇〇円クラス。一室四畳半くらいで、寝具と小さなテーブル付。軒先に宿泊料や「全室冷暖房完備」などの看板を掲げています。

この簡易宿泊所を住居としているのは、かつては毎朝、ここに現われる手配師により工事現場などに通う日雇い労働者で占められていましたが、「未曾有」の不況後は首を切られた派遣労働者などが増えています。宿泊者の七〇パーセント近くが生活保護の被保護者という数字もあります(東京都、二〇〇七年の数値)。

昔はここからトラックなどで労働現場まで行ったのですが、今日ではケータイの連絡で指定場所に行くようになっています。集合時間はたいてい早朝、場所は都心が多いため、便利なこの簡易宿泊所で暮らす人が多いのです。少なめに見積もってざっと数千人いるということです。

たまたま私が会った一人は、現場労働で一日手取り七〇〇〇円の中から毎日二二〇〇円を宿代として支払い、「何とかしている」ということでしたが、一日二二〇〇円というと一カ月で六万六〇〇〇円になります。これだけ払えば、より水準が上の住まいをねぐらとしてではなく、文字通り住居として確保できるはずですが、収入が不安定なので、こういう住み方しかできないのです。これが現代の山谷における「居住」の実情です。

横浜の寿町

この山谷と並んで首都圏で簡易宿泊所街として知られるのは横浜市中区寿町です。JR関内《かんない》駅や石川駅から歩いて一〇分くらいのところにあります。ここは戦後、米軍に接収されていたところですが、接収解除後に港湾労働に携わる日雇い労働者を相手にしたドヤ街となり、いまでは一〇〇軒近い簡易宿泊所があります。外国人数百人を含む五〇〇〇人近い人たちが暮らしています。うち住民登録をしているのが三四〇〇人余。生活保護を受けている人が過半数を占めるといわれますが、保護の有無はともかく、それらの人たちにとってここは、文字通り居住地であるわけです。

横浜ホステルヴィレッジという一泊二二〇〇円からの宿泊施設もありますが、街の多くは山谷と同様の簡易宿泊所で占められ、ここの特徴は「門限なし」「自室に入るまで外履き」ということにあるといいます。また山谷と違うのは高齢者が多いことで、日中、近くの公園や歩道で将棋を指したり、雑誌を読んで過ごしている高齢者の姿を見かけます。それらの中には、身体が不自由なために働きに出られない人もいます。なぜ、ここに住んでいるのか、それらの人たちに聞くと、住み心地がよいからといいます。つまり、ほかに住み心地のよいところを見つけられないのです。

「逃れの街」釜ヶ崎

この山谷、寿町とともに日本の三大ドヤ街とされているのが大阪市西成《にしなり》区のあいりん地区、かつては釜ヶ崎《かまがさき》と呼ばれたところです。JRと南海本線などの今宮《いまみや》駅、地下鉄動物園駅の近くに位置して、約二〇ヘクタールの地域に三万人が住んでいるといわれます。簡易宿泊所の実態は山谷とほとんど変わりません。ここでは、住民が住民登録をしている場所に居住実態がないという住民登録問題をめぐって、二〇〇八年六月までに二四回にわたり、住民と当局側との間で衝突がありました。双方に多数の負傷者も出て、多くのメディアで「釜ヶ崎暴動」と伝えられたこともあります。

居住実態がないというのは、住民登録だけ釜ヶ崎にしておいて、実際には路上などで暮らしているからです。というのも、かれらには日々の家賃を払う収入はありません。しかし、住民登録をしていなければ生活保護が受けられず、また選挙権などの公民権も認められないのです。前述しましたが、現に厚生労働省の目視調査では大阪のホームレスは全国でもっとも多いことが、そのきびしい状況を示しています。

日本住宅会議の水内俊雄氏の報告（『住宅白書二〇〇四―二〇〇五年　ホームレスと住まいの権利』ドメス出版、二〇〇四年）によれば、釜ヶ崎を出て、市内の公園や高架下に居を求める人が九〇年代後半から急速に増えたといいます。住民票は釜ヶ崎に置いたままです。ところが、〇七年以降、それらの人たち三三〇〇人以上の住民登録が抹消されています。大阪市などの当局はその前に打つべき手はなかったのでしょうか。

この釜ヶ崎の特徴は近年、多重債務者など、それまでの住居に住めなくなって、ここに住むことになった人たちが増えてきていることです。一家で六畳一間に暮らし（これは戦後すぐの住宅事情と変わりない）、多くは私設職安の斡旋による日々の稼ぎで日々の家賃を支払う生活をしているのです。遠藤比呂通弁護士はこの街の状況を示して、「逃れの街」と書いています（「逃れの街「釜ヶ崎」」『世界』二〇〇八年一月号）。ここに見られるのは、人びとの居住を保障するのに必要な住宅政策、福祉政策、労働政策が欠如していることです。

「成功者の街」とゲーテッドコミュニティ

しかし、日本には一方にこのような「逃れの街」があれば、片方に「成功者の街」が存在するのも事実です。その間には大きな格差がありますが、その格差が年々広がってきているように思えてなりません。「成功者の街」とは近年、東京都心などに出現している、いわゆる「億ション」などが典型です。

東京で有名なのは六本木ヒルズ、その近くの東京ミッドタウンにある超高級集合住宅、あるいは広尾ガーデンヒルズなどですが、これらに匹敵する億ションが二〇〇八年から〇九年にかけて何件も売り出されています。

その広尾ガーデンヒルズに隣接する場所で、〇八年から〇九年にかけて、大手不動産会社二社の共同事業により超高級の集合住宅が売りに出されました。地下鉄広尾駅に近く、山手線内最大級の敷地を「売り」にしたこの集合住宅は、販売価格が一億円から一〇億円。うち一六階にある一億九八〇〇万円の住宅は住戸専用面積が一〇八平方メートル、バルコニー面積が一〇平方メートル。一般の人には六畳一間の住まいなどは容易に想像できますが、二億円、一〇〇平方メートルになると、どんなものなのか想像もつきません。

ちなみに、その間取り図を掲げてみましたが(図2-1)、これが二億円かと複雑な思いがしないでもありません。ここの特徴は欧米に見られるゲーテッドコミュニティを模した「城門」

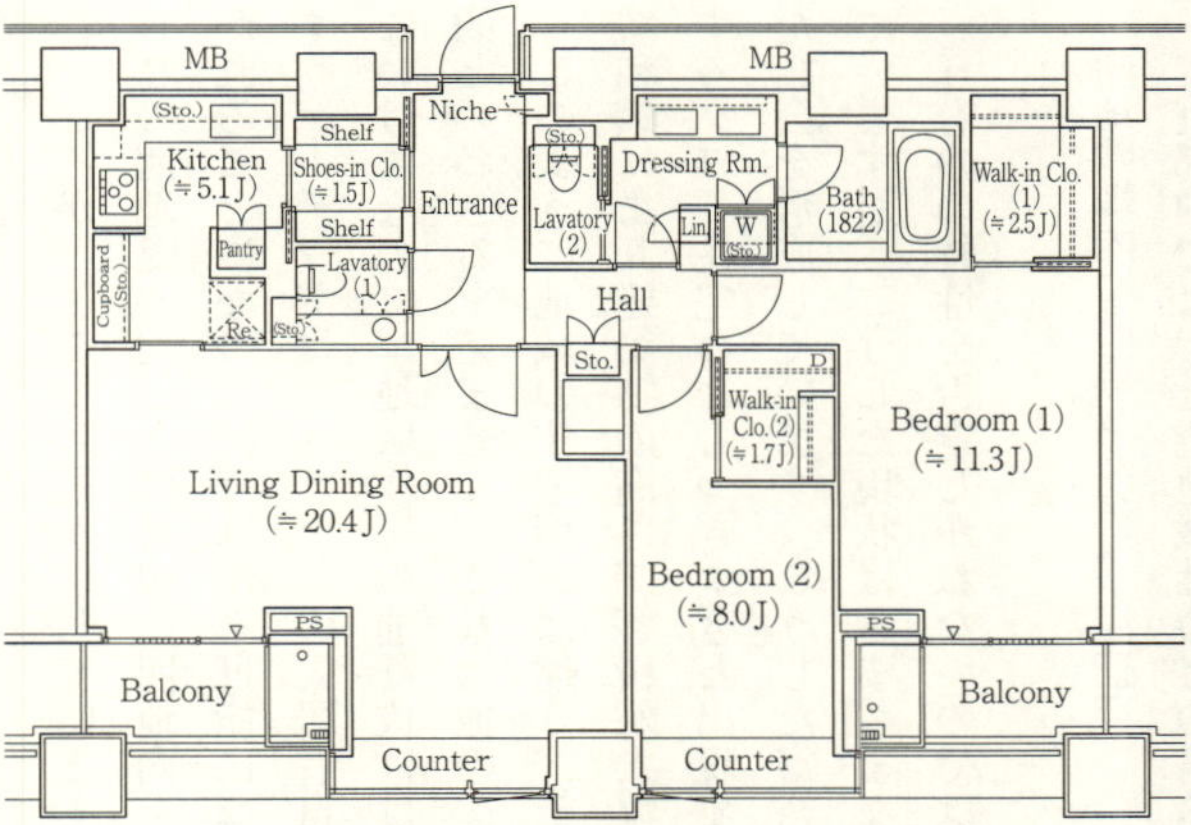

図 **2-1**　広尾に建設された超高級集合住宅の間取り図

と敷地を取り巻く壁にあります。住人でないと外部からは入れません。つまり入居者のステータスと安全を保障しているところに特徴があるのです。これこそ「成功者の街」といえるでしょう。募集を始めると、すぐにキャンセル待ちの状態になったといいますが、実は近年、富裕層を対象にしたこうしたゲーテッドコミュニティがつぎつぎと出現しており、近隣との格差を見せつけているのです。

たとえば、そうしたゲーテッドコミュニティはURの賃貸住宅団地の跡地にまでつくられています。URが売った東京都世田谷区の芦花《ろか》公園団地を大手不動産会社が再開発し、一万六〇〇〇平方メートルの敷地に計九棟、三六三戸の集合住宅が建てられました。販売価格は都心に比べれば低いのですが、周囲を壁で囲ってあるのが「売り」になっています。

ところが、ここで問題が生じています。このゲーテッドコミュニティの場合、近隣の住民はURの団地だったときは自由に団地内を通り抜けることができたのですが、その敷地が壁で囲われることになって、それが不可能になり、地域コミュニティが分断されることになったのです。ゲーテッドコミュニティの入居者自身、地域のスーパーや商店を利用しなければ生活できないはずなのに、地域住民の通り抜けは「ノー」というわけです。これではあまりに自己中心的といわざるをえません。これは他のゲーテッドコミュニティにも共通する問題です。

このように地域の住宅街とは違う、その差を強調した住居が出現したのは、小泉内閣の規制緩和策により建築物の高さ、容積が大幅に緩和されて以来のことです。それにより近隣を睥睨《へいげい》するタワー住宅などもつぎつぎと出現するに至っています。このタワー住宅も近隣とは断絶した社会を形成しています。こうした富裕層優先の考えによる住宅開発は地方都市にまでおよんでいますが、こうした現状はさまざまな人たちがさまざまな暮らしをして共生している都市というものの特性を否定しかねないのではないかと思います。

団地敷地内に出現したタワー住宅

東京都内では、近隣地域社会との格差をきわめて対照的に同一敷地内で見せつけている例も出現しています。しかも、それが都営住宅団地の敷地内なのですから、これを構想した都と事業者の感覚に首を傾《かし》げてしまいます。

その団地とは、青山通りに面し、地下鉄青山一丁目駅に近い都営南青山一丁目団地です。一九七〇年に建てられています。この団地には二棟の建物がありましたが、うち一棟を建て替えることになりました。折からの民活ブームに乗り、都はこれにPFI(一八頁参照)を利用することにします。つまり、都が所有する土地を民間に貸し出し、この土地に民間資金により建物を建てさせて管理させ、都が地代を受け取る仕組みです。この事業に大手不動産会社が参加し、〇二年、ここに高層一七〇メートル、四六階建てのタワービルディングが建てられました。

都営南青山1丁目団地(左側が都営住宅,右側がPFIによるタワー住宅)

このタワー住宅は上層階に一五〇戸の賃貸住宅があり、下層階はオフイスや区の施設などになっていますが、賃貸住宅の家賃は月額最高二三六万円。住宅部分の玄関にはドアマンがおり、玄関内のロビーにはコンシェルジェがいて、入居者以外は内に入れないことになっています。時折、高級車が出入りし、そのたびにドアマンが駆けよる光景が見受けられます。

このタワー住宅の隣にある都営住宅は一二階建て、一五〇戸、全部3DKですが、広さは四一平方メートル。家賃は入居時により異なりますが、七万円から一〇万円前後。建物に傷みはありますが、どのベランダにも洗濯物がひるがえっていて人びとの生活を感じさせます。そのような住宅が一棟取り壊され、代わって建てられたタワー住宅に富裕層が入っているのです。

南青山一丁目団地では、同一の敷地内にこのような異質の住宅が併存しています。二つの建物は隣り合ってはいますが、双方の居住者が交じり合うことがないのはいうまでもありません。一方はタワー住宅を見上げ、片方は都営住宅を見下ろす関係で、「きわめて対照的」と表現したのはこうしたことによります。大阪の千里ニュータウンや東京の多摩ニュータウンには、URの住宅と公社、公営住宅が混在し、有形無形のその格差が問題視されましたが、ここまで対照的ではありませんでした。それなりに共生しています。

どうしてこうしたいびつな団地が出現することになったのでしょうか。都にいわせると、都営住宅会計の赤字を減らすためということです。しかも、今後もPFIによって都営住宅の建替えを進めていくといっています。

たしかに都には不動産会社から地代が入ってきます。しかし、都営住宅が赤字を抱えているとはいえ、少なからぬ予算の中で不動産会社から入る地代額など、たかが知れているはずです。その見返りに一棟一五〇戸の都営住宅を取り壊し、入居者を他に移らせたプラスマイナスを都はどこまで考えたのか、首を傾げてしまう理由はここにあります。この団地の光景がいびつなら、都の考えもいびつといえないでしょうか。都の住宅政策は石原知事登場後、後退に後退を続けています。都は地域住民の福祉実現に自治体としての責務を有しているはずです。

2　限界団地の出現

団地での孤独死

都市、地方を問わず、高齢者の孤独死が増えていますが、なかでも深刻なのが公共住宅団地で多く発生していることです。公共団地では、一般的な街に比べて高齢化と単身化のスピードが速いことが背景にあります。

団地での孤独死とはどういうことを指すのでしょうか。団地入居者の実態調査をしているURによると、法医学的とはいいにくいかもしれませんが、その定義は「団地内で発生した死亡事故のうち、病死または変死の一態様で、死亡時に単身居住している賃借人が、だれにも看取られることなく賃貸住宅内で死亡した事故(自殺および他殺を除く)」ということになります。

東京都新宿区の都営戸山団地の住民の会が各戸にホットラインを設けたのは、その孤独死を防ぐためでした。同団地は二四〇〇世帯弱、約三二〇〇人が居住していますが、六五歳以上の高齢者が約五割を占めています。〇六年に二人、〇七年に五人が孤独死しているのが発見されるにおよんで、同年、緊急ボタンを押せばコールセンターにつながるホットラインのシステムを設置することになったというのです。

「限界集落」という言葉があります。六五歳以上の高齢者が五〇パーセント以上を占める集落のことを指していいますが、戸山団地の場合、まさに「限界団地」と呼んでいい状況になっているわけです。しかし、限界団地と化しているのは、ここ戸山団地だけではありません。公共住宅団地の場合、全国の中山間地に増えている限界集落同様、都市の各地で同じ様相を呈するに至っているのです。それをUR賃貸住宅、公営住宅別に見てみましょう。

まず高齢化の状況です。UR賃貸住宅については二つのデータがあります。全国公団自治会協議会(公団自治協)のものとURのものです。

公団自治協の高齢化に関するデータは、〇八年に同協議会に加入する全国二二三団地二二万戸にアンケート調査し、回答のあった約一〇万世帯分を分析したものです。この調査は三年おきに行っているものですが、それによると、七〇歳以上の世帯主が三四・三パーセントで、三年間で七・九ポイント増えています。七〇歳以上が三割を占めたのは、住宅・都市整備公団時代の八七年から始めた調査で初めてということです。この高齢化の状況は地域によって異なり、神奈川県内の場合、三七・二パーセントとなっています。

一方、URが二〇〇五年に行った調査では、六五歳以上の高齢者は二〇・四パーセントで、五年前の一三・八パーセントに比べて六パーセント強の増加になっています。公団自治協の調査とは基準年齢が異なるので、一概にはいえませんが、おおよそ入居者の三割前後が六五歳以上の高齢者で、三年間で六〜七パーセントのスピードで増加しているといっていいのではないかと思われます。

公営住宅については、東京都都市整備局が都営住宅入居者を調べたデータがあります。それによると、全入居者のうち世帯主が六五歳以上の世帯が占める割合は、〇二年は四六・五パーセントでしたが、〇五年には五一・一パーセントになっています（図２－２）。ここでも三年間で五パーセントくらい増えています。これは高齢化の進行がUR賃貸住宅より公営住宅のほうが深刻であることを示しています。

この団地の高齢化は単身者世帯と二人世帯の増加という結果をもたらすことになっています。公団自治協の神奈川県の調査では、同県内団地の単身者世帯は〇八年全体の二九・七パーセント、一〇年間で三倍になっています。〇八年における二人世帯は三九・六パーセント、つまり

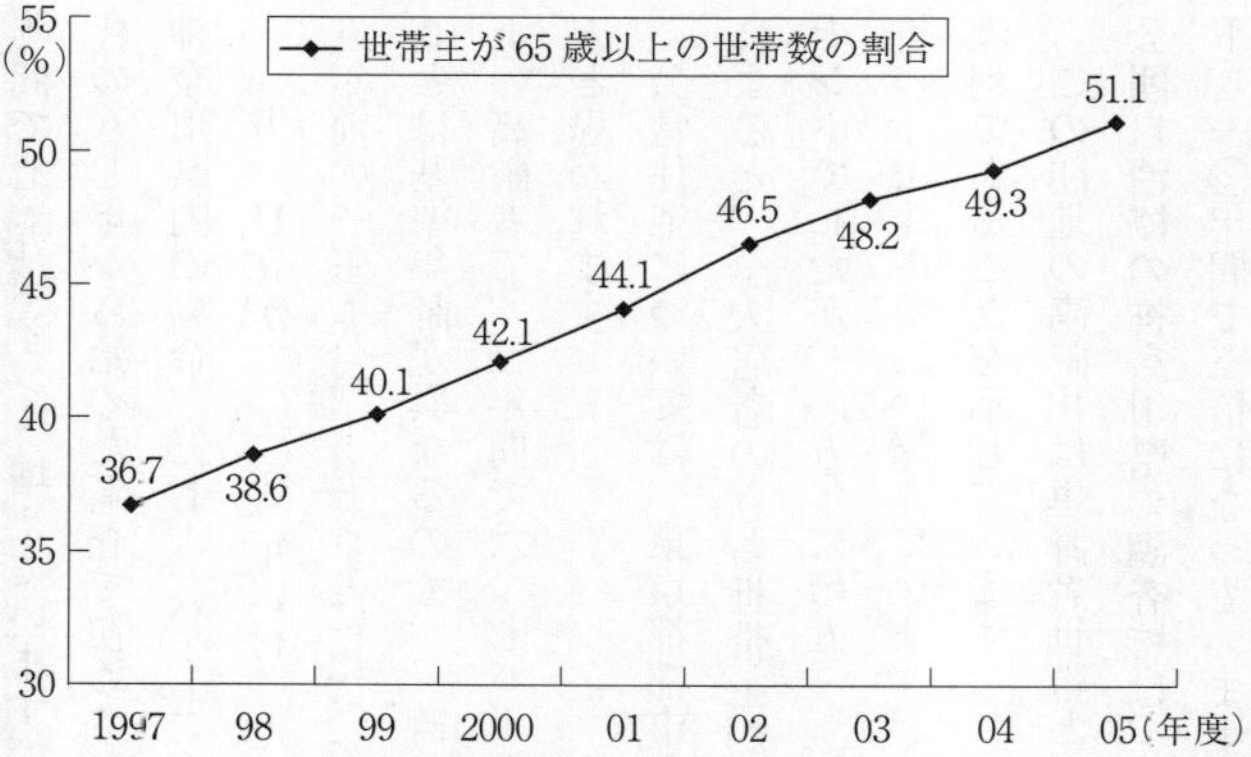

図2-2　都営住宅入居者の高齢化の推移
出典：東京都都市整備局資料

二人以下の世帯が約七割を占めることになります。公営住宅入居者の単身化率のデータはありませんが、公営住宅団地自治会の組織である全国公営住宅協議会によると、東京都目黒区には、一棟一〇戸のうち九戸が高齢者世帯、うち五戸が単身者世帯という都営団地が存在するとのことです。足立区のある団地では七割が高齢者世帯といいます。東京都の場合、〇七年の時点における全体の高齢化率は一八・九パーセントなので、公共賃貸住宅における高齢化はきわめて深刻な状況です。

狭小な公共賃貸住宅

しかし、どうして公共賃貸住宅では高齢化が激しく、また単身者世帯、二人世帯が多いのでしょうか。その理由の一つに挙げられるのは、公共賃貸住宅だけに存在する事情です。つまり、住宅そのものが狭いというところにあるといっていいでしょう。

たとえば、高齢化率が五一・六パーセントの東京都新宿区の都営戸山団地の場合、総戸数二三二〇戸のうち三五パーセントが1DK・三〇平方メートル強の住宅で占められています。これに2Kや2DKを加えると、八〇パーセント近くがいわゆる狭小住宅で占められることになります。これでは二世代以上の家族が一緒に住むのは不可能です。子どもは成人すると、ここから出て行くことになり、親世代があとに残されることになります。しかも新規入居の場合、世帯員数によって住宅が割り当てられることになっていますから、高齢者が初めから狭い1DKに入居せざるをえない場合もあります。

他の都営住宅団地も同様です。都の場合、都営住宅の新規建設は行わず、建替えだけに特化していますが、建替え団地において1DK、2Kなど見せかけの戸数を増やすことにばかり懸命になっています。そのため、全団地に占める狭小住宅が増えていっていることも、この傾向に拍車をかけているのです。URの古い団地も2DKが圧倒的に多いので、事情は戸山団地と似たり寄ったりです。その結果、団地は高齢者二人世帯と単身者の多いコミュニティと化すに至っているわけです。

私はかつて、多様化する家族の住宅需要に対応するためには、公共賃貸住宅は戸数優先の2DKばかり大量に建設・供給するのではなく、1DKから4DKくらいまでのバラエティある間取りの住宅を供給すべきだと提言したことがあります（「日本住宅公団の〝破産〟」『エコノミスト』一九七七年八月二日号）。しかしながら、そうした、ときの住宅政策に対する異議に対して耳を傾ける関係者は、まったくいませんでした。

独力で居住改善を行いえなかった人たちは、初めに入居した2DKに住み続けざるをえないわけです。団地では、ライフステージに合わせた住居がないという状態がずっと続いており、そこに住まわざるをえなかった人たちが高齢化したということです。

施設化する公営団地

それらの人たちは、いったいどれくらいの収入で暮らしているのでしょうか。残念ながら高齢者あるいは単身者世帯だけのデータはありません。URの調査に全世帯主の年間収入を調べたものがあります。それによると、UR団地に入居する人たちの世帯収入は、二〇〇五年が四一八万円。〇一年の場合は四四五万円だったので、一割弱減収になっています。

公団自治協の調査では、これも全世帯で二六〇万円未満の収入が三六・五パーセント、四四六万円未満の所得区分第一分位層（所得の最も低い階層）だけで六七・五パーセントになります。これに五八九万円未満の第二分位層を加えると八〇パーセント近くになるということです。その収入源は三二・五パーセントが年金です。これは団地の高齢化率とほぼ見合う数字になっています。もっとも、これは〇六年の数字ですから、その後もっと上がっていると見ていいでしょう。

厚生労働省の国民生活基礎調査によると一世帯当たり年間収入は〇七年度の場合五五六万二〇〇〇円です。したがって、こうした団地入居者の収入が低いことがわかるでしょう。まして年金生活者の収入は、この調査による額よりもっと低いはずですから(ちなみに厚生年金の平均は約二二〇万円、国民年金は約六〇万円です)、安心した暮らしができるはずはありません。

公営住宅入居者の家賃滞納者は二〇〇〇年に二六万世帯だったのが、〇四年には三〇万世帯に増えています。また生活保護世帯が公営住宅では、全世帯に占める割合が一九八五年一五・三パーセント、九三年一七・八パーセントだったのが、〇二年には二一・六パーセントにまで増えています(公営住宅協調査)。

こうしたことからいえるのは、公共賃貸住宅団地ではいやおうなしに高齢化が進み、単身者世帯、低所得層が増えているということです。公営住宅の場合、これに拍車をかけているのは空き家募集のさいにポイント方式(対象者の生活状況を点数化して点数の多い者を優先する仕組み)で母子家庭、高齢者、障がい者を優先的に入居させ、入居資格を満たす家族世帯がなかなか入居しにくくなっていることで、公営住宅協では、これが団地の特異化の一因になっているとしています。

その状況を「団地の施設化」あるいは「福祉化」という向きもあります。つまり団地が、本来は福祉政策の対象とすべき人たちが住むような施設と化しつつあるというわけです。福祉政策の後退によって、従来なら施設に入ることが可能な人たちが施設に入ることができなくなり、自宅居住を余儀なくされている。公営住宅はそうした人たちの受け皿になっている。それが、今日の団地の姿だという指摘です(森千香子「「施設化」する公営団地」『現代思想』二〇〇六年一二月号)。こうした現状を公営住宅協も認めており、そのためにコミュニティの維持が不可能になりつつあり、孤独死を生む原因の一つにもなっているといっています。

加速する高齢化・孤独死

かつて、私が住んでいた松戸市の常盤平団地では、〇一年、〇二年に孤独死が発見されています。1DKから発見された遺体の場合、死後三年経っていたといいます。死亡時、六九歳、単身。果たして私より少し上の世代。入居時は同じかもしれません。それから半世紀近く、大通りの桜並木は見事に成長していましたが、かつて賑わった中央商店街はシャッターを下ろした店が多く、人通りも少なくなっています。

まず子どもが少ないのに気づきます。すれ違うのは圧倒的にお年寄りが多い。団地全体が静かな雰囲気に覆われている。団地自治会は二人の孤独死後、「まつど孤独死予防センター」をつくって、その防止に取り組んでいます。前述の都営戸山団地と同様の対策ですが、しかし、二人がどういう状況のもとで孤独死したのかと思うと心が痛みます。

驚くのは、この単身者の孤独死の数が年々きわめて大きなものになってきていることです。

URの調査では、UR団地内では〇一年二四八件だったのが、〇六年には五一七件となり、倍近くに増えているのです(図2−3)。うち六五歳以上の割合が六四パーセントで、死亡時平均年齢は六八・六歳、男性六五・七歳、女性七三・六歳です。

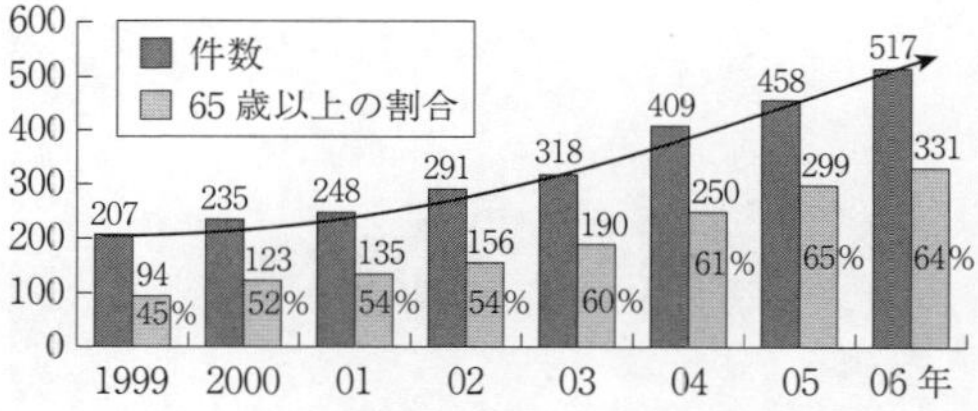

図 **2-3** UR賃貸住宅における孤独死発生状況
出典：都市再生機構資料

さらに詳しくこの調査を見ると、孤独死が発生してから発見されるまでの経過日数は、全体の四分の一が一日以内ですが、約一〇パーセントが一カ月以上を要しています。孤独死を発見しているのは、定期的に訪問を行っている介護サービス業者がもっとも多く、平均で二・五日以内に見つけている計算となります。本人の友人・知人による発見は八・五日。年間を通して見ると、孤独死は夏より冬場(一二月が一二パーセント、一月が一四パーセント)に多く発生しています。夏より冬に多いのは、暖房の室内と、暖房のないところとの気温差による循環器系の疾患にかかりやすいためではないかと推察されます。

こうした団地での孤独死は次のような構造になっているのではないでしょうか。すなわち〈家族数に合わない狭小住宅―家族の分散―高齢化―貧困化―単身化―病気―死亡〉という構造です。このことが意味しているのは、団地での孤独死は、その予防とか早期発見とかいった次元の問題ではなく、ここでは住宅政策そのものが問われているということです。間取りが広い住居が安い家賃で借りられる選択肢があって、さらに加えて手厚い高齢者に対する福祉政策が存在すれば、おそらく孤独死は少なくなるに違いありません。

シャッターを下ろした店が多い松戸市の常盤平団地の中央商店街

地域の居住環境も悪化

心配なのは、こうした状況が拡大再生産されていきかねない趨勢にあることです。それは団地居住者のうち一九四七~四九年の第一次ベビーブーム時に生まれた団塊の世代の人たちが、定年を迎えたか、迎えつつあり、これらの人たちの高齢化や貧困化がどんどん進んでいっていることにほかなりません。おそらく六五歳で定年となる人たちが多い二〇一二年以降は、その傾向が顕著になると思われます（これを「二〇一二年問題」という人もいます）。それらの人たちはいやおうなしに住宅問題に引きずり込まれることになるでしょう。あるいは、福祉政策が十分でないことに悲鳴を上げることになるはずです。

しかも問題なのは、こうした団地の高齢化、あるいは単身化の進行が地域をも巻き込み、地域の居住環境を衰退に追いこむ状況にあることです。たとえば、東京の多摩ニュータウン永山地区などでは、九六年以来、六つの小中学校の統廃合が進み、幼稚園もなくなっています。まさに中山間地における限界集落と同じ状況になっているわけで、福祉実現の条件の一つというノーマライゼーション（老若男女、国籍などを問わず多種多様な人びとが共生する社会）は、「絵に描いた餅」と化しつつあるのです。

地域の環境は明らかに好ましくない方向に進んでいます。おそらく団塊の世代の現役引退で税収の落ち込みが始まると、団地内外で必要な公共事業もままならぬ事態になるでしょう。公共施設の管理・運営もスムーズにいかなくなるかもしれません。これは地域の内部条件の変化による居住環境の変化ですが、実は外部条件による変化もまた近年、劇的に進行しつつあるのです。

3　居住生活空間の変容

耐震偽装事件

私たちの個々の住宅ばかりか、それを取り巻く居住環境が近年、危険な方向へ走り出しているのはだれもが実感しているところです。しかも、それが事件として発覚する例も出てきています。そのもっとも悪質な例が、建築主、建設会社、設計事務所、コンサルタント、民間検査会社と構造設計専門の元一級建築士による耐震構造設計の偽装事件だったといえます。

この事件は二〇〇五年一一月に国土交通省から発表されて明るみに出ました。それによると、東京都と千葉、神奈川両県内の集合住宅二〇棟とホテル一棟で構造計算書が偽装され、そのうち集合住宅五棟では耐震強度が不足していたことが確認されたとのことです。さらにその後の調査で、すでに完成している集合住宅一四棟がすべて建築基準法による耐震基準を下回っていることが判明します。震度五強の地震で倒壊の恐れがあるというのです。

この発表に驚愕したのがすでに完成している集合住宅の入居者です。多くの人たちは莫大な住宅ローンを利用して入居したばかりなのに、そのマイホームが欠陥住宅だというのですから。住宅購入者で、その耐震性までチェックして契約を結ぶ人が果たしているでしょうか。多くは売主を信頼して契約するはずです。それが地震で倒壊するかもしれず、生命の危険さえあるというのです。集合住宅の入居者は退去し、ホテルは休業、工事中の集合住宅は工事中止に追い込まれました。その後、集合住宅入居者が二重ローンを抱えながら悪戦苦闘して、新しい住宅を建てていくことになる様子が多くのメディアで伝えられました。

この事件は建築主、建設会社、建築士などが逮捕、起訴されて、有罪判決を受ける、文字通りの事件になりましたが、この事件の発端になったのが一九九八年に行われた建築基準法の改正です。すなわち、その改正により、それまで特定行政庁(自治体)の建築主事が行ってきた建築確認業務が民間に開放されることになったのです。例の決まり文句「民間にできることは民間で」のワンフレーズによる建築確認の民営化が事件を引き起こしたといえます。

「外圧」による民営化

少し詳しく述べると、この建築確認の民営化には二つの伏線がありました。一つは、日米構造協議における米国側の「年次要望書」に基づく都市・建築規制の緩和要求、いわゆる「外圧」であり、もう一つは阪神淡路大震災で大量の建物が倒壊したことです。

前者は、八〇年代に行われた中曽根・レーガンによる協議以降、日米間の貿易不均衡を解消するために、米国側の日本市場参入の障害となっていた法制度による規制を緩和するよう米国側から毎年繰り返し要求されていたことを指します。米国側が要求していた分野は金融・保険・農業などに始まり、都市・建築に至る幅広いものでした。これを受けた政府は、それらに対する規制緩和を米国のためとはいわずに、民間活力(民活)を導入し、市場を活性化するためだと「偽装」説明したものです。

米国としては、たとえば三階建てを可能にする住宅建材を日本に輸出したくても、建築基準法によって住宅専用地域での三階建ては阻まれているので、何とか同法を改正させたい。その米国側の国内産業をバックにした要求に沿って、大手ゼネコンや住宅メーカーも援護に動き、その結果、都市・建築法制の最前線に位置する自治体や専門家などの反対、疑問の声をよそに、かなりの部門で規制緩和が強引に進められた経緯があります。とくに自治体はこの動きに反対しました。なぜなら、それまで条例や要綱により都市の居住環境を維持してきた自治体にとっては、規制緩和によってそれらが無意味にさせられる恐れがあったからです。しかし、政府はその自治体の意向を無視して、主に建設省通達などによりつぎつぎと規制緩和を進めてきたのでした。

後者については、地震で倒壊した建築物に違反建築、あるいは欠陥建築が多かったのが問題になりました。その理由として、年間一〇〇万棟の新築建築物の建築確認に当たる特定行政庁の建築主事が約一八〇〇人しかいないことが指摘されました。つまり、建築主事の不足によって建築確認の検査業務が杜撰《ずさん》になり、それが違反・欠陥建築物が多い原因だというわけです。

ここで政府がとったのも規制緩和・民営化の方向だったのです。常識的には建築主事が足りないのであれば、その定員を増やすことを考えるでしょう。行政のスリム化が要請されているとはいえ、事は国民の生命の安全に関わる業務です。他の政府部門から定員を移しても、建築主事を増やすことを考えるのが国民に誠実な政府というものです。ところが、政府が考えたのは、その業務の民営化であり、国土交通省は建築基準法の改正後、九九年に国や自治体が指定すれば、民間機関でも確認検査が行えることとしたのでした。

この結果、耐震設計偽装事件当時、建築確認の民間検査機関は一二三機関、建築確認数約七五万件のうち過半数の約四二万件を民間機関が実施するに至っていたのでした。その民間機関で優先されるのは何よりも顧客の意向ですから、納期優先、顧客サービスが第一となります。検査業務は事務的に基準に合っているかどうかの確認に終わり、安全のチェックまではなかなか行われません。国民の住居の安全より民営化を優先した結果、耐震設計偽装事件は起こるべくして起こったといっていいでしょう。

違法建築が増える新築住宅

新築の戸建て住宅にも、だれが見ても違法建築とわかる建築物が増えてきています。多くは建蔽率や容積率違反の建築物で、なかには一夜城的に建てられているものまで見受けられるに至っています。

以前なら地域の人が役所に連絡すると、建築指導課の職員が飛んできて違法チェックに当たったものです。ところが、法改正以降は役所に連絡しても、「こちらは、その新築には関係ないから、検査会社に連絡して」などと突き放されることになり、いつの間にか地域の環境が醜悪なものになってきているのです。街が壊れてきているといっていいでしょう。違法建築をせざるをえなかった人たちの心情がわからないではないが、違法は違法です。しかし、違法建築でない住居を新築できない今日の高地価、高建築費をもたらした住宅政策、土地政策に大きな問題があるのはいうまでもないことです。

建築確認はふつう、建築基準法や都市計画法、あるいは条例に合致しているかどうか、建蔽率や容積率などの集団規定の適合性の審査と、構造などの適合性を機械的に計算できる単体規定の審査とに分けられます。それまで役所はその集団規定の審査に重点を置いて、単体規定は事務的に処理してきたとされています。

ところが、民間検査になってから、集団規定の審査までおろそかにされることになったようです。街が壊れてきている状況からそうしたことがうかがえます。つまり、建築確認が民営化されてから、その業務は集団規定も単体規定についても安易なものと化しているといっていいでしょう。各検査機関が顧客獲得競争に励むことになれば、当然、そうなります。戸建て住宅でさえ、そういう状況になっているのですから、より大きな建築物に違反・欠陥建築が続出しても決しておかしくはないわけです。

地下室集合住宅――違法と合法の境界

それでも役所が違反建築をまったく把握していないわけではありません。横浜市違反対策課が摘発した建築基準法違反件数は二〇〇五年度が九四件、〇六年度が八八件、〇七年度が九九件です。このうち建築を是正させたものは、〇五年度が三八件、〇六年度が六三件、〇七年度が四八件となっています。この数を多いと見るか、少ないと見るかは見方によって分かれるでしょうが、しかし、問題は違反スレスレの合法建築により地域の居住環境が改変される例が続出しつつあることでしょう。その一例といえるのが、この横浜市に多い地下室集合住宅です。

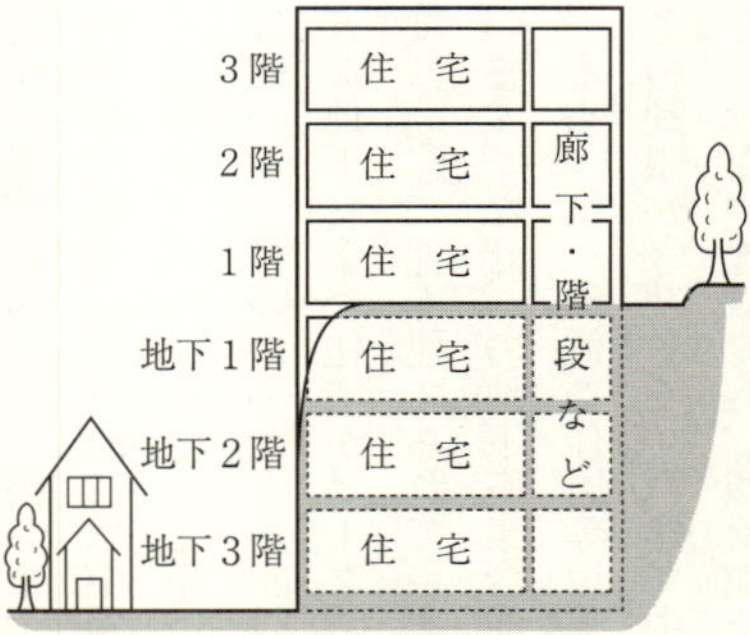

図2-4　地上3階・地下3階(実質6階)の地下室集合住宅の例

地下室集合住宅とは、主要用途が集合住宅で、地階を有する建築物のことを指します。さらに注釈を加えると、図2－4で見るように多くは斜面を利用して建ち、実質的には中層階の集合住宅なのに、反対側から見ると低層階の建築にしか見えないつくりになっています。主に低層住宅地（第一種低層住居専用地域）に建てられています。なぜ横浜市に多いのかといえば、同市には斜面が多いからにほかなりません。同市ではこのような地下室集合住宅がピーク時には、九八年度に一五四件、二〇〇〇年度に一九三件、〇二年度に一〇二件も建てられています。以降も、数は減ってはいますが、合法的に建て続けられています。なぜこの地下室集合住宅が問題なのでしょうか。

本来、第一種低層住居専用地域では原則的に三階建てまでしか建てられません。容積率や高さの制限がきびしく、戸建て中心の低層の街並みをつくっています。ところが三階までしか建てられない地域でも、傾斜地を利用して地下室をつくることで、実質的に四階以上の建物を建築することができてしまいます。なかには実質七階の集合住宅が出現した例もあります。

また、こうした建物は大きい集合住宅なので周辺への影響も少なくありません。横浜市建築企画課の文書によれば、周囲に圧迫感を与えている、斜面を削り盛り土をして建物を建てるなど土地の形状を改変しているケースが多いため、とても危険だということです。しかも、周辺環境との調和もとれていないので、その建築計画が明らかになると、周辺住民から苦情や反対運動が起きることにもなります。

建築基準法は地下に住居をつくることを原則的に禁止し、例外的に採光・通風が確保されたものに限って認めていました。しかし九四年に法改正が行われ、地下室が延べ床面積の三分の一までなら、容積率を計算するさいの床面積に含まれなくてもいいことになりました。つまり、規制緩和です。これを拡大解釈したかたちで、地下室集合住宅が登場することになったわけです。当時の建設省担当者は、地下室集合住宅により住居戸数が増えることになり、ゆとりが生まれるといっていたものです。戸建て住宅において地下室が可能になれば、たしかにゆとりが生じるでしょうが、戸数が増えることとゆとりとはまるで関係がありません。国はそうした理屈で規制緩和を行ったのでした。

デベロッパーの規制逃れ

横浜市港北区《こうほく》日吉《ひよし》本町の斜面緑地に地上三階、地下七階の集合住宅三六戸が建つことになりました。この地域は風致地区で、第一種低層住居専用地域、第一種高度地区のために建物の高さは一〇メートル、容積率は八〇パーセントに規制されていました。ところが、デベロッパーはここに一〇メートル近く盛り土をして実質三〇メートルの高さを確保し、地下室面積を増やしていたのです。

これに対して、周辺住民が建築基準法に違反していると、民間確認検査機関と横浜市に建築

横浜の低層住宅街に出現した地下室集合住宅(奥)

確認の取り消しなどを求める行政訴訟を起こしました。横浜地方裁判所民事第一部は〇五年一一月、原告住民の主張を認めて建築確認を取り消す判決を下しました。この判決はデベロッパーが行った盛り土を規制逃れと認定し、盛り土が行われる前の地盤面を基準とすると、建築基準法の規則に違反すると明確な判断を示したのでした。

この訴訟はデベロッパーがいかにきわどい開発を行い、周辺環境を侵食しているかを示す一例といえますが、この訴訟に限ってはさらに興味深い事実が明らかになっています。それは、住民に弾劾されたデベロッパーはオリックス・リアルエステート、建築確認を行った民間確認検査機関は東京建築検査機構でしたが、この会社は大手ゼネコンなどとともにオリックス・キャピタルの出資を受けて設立された検査機関だったということです。民間確認検査機関の多くは、このように建築設計・不動産・ゼネコンなどの出資により設立されており、もともと公正な審査が行われているかどうか疑わしいところがありました。この訴訟は図らずもその実態を明らかにしたのです。

居住空間が投資空間へ

中曽根民活以降、政府は「都市整備・住宅建設を一層推進し」「都市・住宅分野への民間投資の活力ある展開を図る」として、都市計画規制をつぎつぎと緩和してきましたが、建築基準法の改正はその総仕上げというべきものだったのです。それは都市計画における市街地住宅総合設計制度や特定街区における容積率の割り増し拡大などで、都心部での再開発の機会を大きなものにしたのに続き、住宅地においてもその機会を大きなものにしたわけです。

これは、それまで人びとの生活空間であった居住環境を経済空間というより投資空間に転換させた暴挙といっていいでしょう。郊外地の駅前のタワー集合住宅などは、こうして生まれるべくしてつぎつぎと建てられているのです。それまでの落ち着いた街の一角に出現したタワー住宅は、日照を奪い、ビル風をつくり出し、コミュニティを分断し、地域に混乱をもたらすことになっています。にもかかわらず、国もデベロッパーも知らん顔で、結局地域の人びとはあきらめざるをえません。これが規制緩和以降見られる地域の状況になっているのです。

横浜市ではその後、庁内に有識者などによる研究会を設け、地下室集合住宅に対するルールをつくれないか検討を始め、また市民にアンケート調査などを実施しました。そうした過程を経て、〇四年六月、「横浜市斜面地における地下室建築物の建築及び開発の制限等に関する条例」を施行するに至ります。

その骨子は、建築基準法第五〇条(用途地域等における建築物の敷地、構造又は建築設備に対する制限)を根拠とした階数の制限などを盛り込んだもので、具体的には地下室集合住宅の階数を、第一種最高限高度地区(高さ制限一〇メートル)では五階まで、第二種最高限高度地区(同一二メートル)では六階までとするというものです。同時に建築物の延べ面積を増やすための盛り土を行ってはならない、建物の周囲に四メートル以上の幅の空き地を設けて敷地面積の一〇パーセント以上の緑化を行わなければならないというものです。

これは地下室集合住宅に対する全国で初めての条例であり、画期的なものだと思います。というのも国が施行している法制度に対し、「ノー」の意思表示を示したものだからです。現行法制度の中でも自治体ができることはあるのです。しかし実際には、多くの都市で、人びとの居住環境が壊れていき、それに歯止めがかからない状況となっているのです。

第三章　居住実態の変容、そして固定化へ

足立区の木造住宅密集地域

ヨーロッパで住宅政策先進国というと、英国やスウェーデンを思い浮かべるでしょう。私は、一九七〇年代の後半から何回かこれらの国を訪れていますが、八一年に訪ねたさいにスウェーデン住宅省で渡された「スウェーデンの住宅政策」というパンフレットにこう記されていたのをいまだに忘れられないでいます。“The whole population should be provided with sound, spacious dwellings”(すべての国民には丈夫で広々した住宅を供給されなければならない)とあり、その住宅とは「良質で適切な価格のものであり、それは計画的に供給される」とあったことです。

同時に訪ねた英国では地方選挙の最中でしたが、大ロンドン圏における労働党のスローガンにこのような一節があったのも鮮明に記憶しています。すなわち“The needs of people come first”(市民の要求が第一だ)としたうえで“Homes must come before roads”(住宅は道路の前に来なければならない)とありました。こうした経験は、私が住宅問題を考えるさいの基礎となる大きな部分になっているような気がします。

もちろん、これは四半世紀前のことであり、その後、英国における最近の住宅事情は当然のことながら変わった部分もあれば、変わらないところもあります。しかし、おおかたは日本のようにドラスティックには変わっていないといっていいでしょう。日本の住宅事情の場合は、激しい変化と、その後の固定化にというところに特徴が要約できるのではないかと思います。

1　先進国との共通項と非共通項

田園都市の第１号，英国のレッチワースの街並み

一〇〇年続く田園都市レッチワース

ロンドンのキングスクロス駅からケンブリッジ行きの電車に乗って約四〇分でウェルウィンに、約一時間でレッチワースに着きます。レッチワースはエベネザー・ハワードの田園都市の提唱によりつくられた第一号のニュータウンで、ウェルウィンはその第二号のニュータウンです。レッチワースの建設が始まったのは一九〇三年、つまり一〇〇年以上も前のことになります。文明批評家のルイス・マンフォードは、このニュータウンは「ライト兄弟の飛行機と並ぶ二〇世紀の二大発明」であるといっています。「前者は人間に翼を与え、後者は人間が地上に降りてきたとき、人間によりよい住居の場所を約束

した」というのです(L・マンフォード「田園都市理念と現代の計画」E・ハワード、長素連訳『明日の田園都市』鹿島出版会、一九六八年所収)。

二〇〇七年の暑い夏にレッチワースを訪れると、私が初めて訪ねた八〇年代とまったく変わっていませんでした。ハワードは当時、産業革命後に過密と不衛生な住居に住まわざるをえない状況にあったロンドンの労働者に、都市と農村が持つ「マグネット」(引きつける魅力)を融合したカントリー・タウンを提供しようと考えます。そして低層の住宅を集団化したこのニュータウンを計画したのですが、地図に見る当時の街並みと多くの住宅はそのままの姿でいまも生き続けています。

駅前のロータリー近くにあるインフォメーションセンターによると、〇五年の時点で一万三〇〇〇戸、三万二〇〇〇人が居住しており、ほとんどが持ち家とのことです。これはハワードの計画そのままの規模だそうですが、花々に飾られた大通りを歩いただけで、人びとがゆとりのある住生活を送っているのが推察されます。

ウェルウィンは、以前なかった駅ビルができて、いっそう賑やかな街と化していました。ここもレッチワースと同様、セントラルガーデンから放射状に広がる道路に面して低層の住宅が連なり、一部に中層の集合住宅が建てられ、人口一〇万人を超える街になっていました。ですが、基本的には計画当時と変わりません。インフォメーションセンターで聞くと、親子代々、この街に住んでいる家族がほとんどとのこと。一〇〇年経っても変わらないでいる英国の住宅事情をあらためて見る思いがします。

変わったのは公営住宅団地です。たとえばロンドン北部、都心から地下鉄で五〇分くらいかかるハイゲートにある中層住宅の団地では、一四〇戸の住宅の八〇パーセントが持ち家となっていました。八〇年代のサッチャー首相の公営住宅払い下げ政策により、現に住んでいた住居の払い下げを受けて持ち家としたもので、この持ち家が投資・投機の対象と化して、頻繁に入居者が転出入する団地になっていました。手入れが行き届いた住宅もあれば、荒廃した住宅もあります。これは英国の住宅事情で、すっかり変わった部分です。

しかし、これらの公営住宅団地でも親子代々、同じ住宅に居住している例が少なくなく、私はかつて会ったことのあるブリストル大学のA・ミューリ教授が「自由市場で住宅を持てない人びとがある程度質のよい住宅に住め、祖父から父、父から子、孫まで代々つきまとってきた貧しい住まいから脱却できるようになったのが公共住宅だ」といっていたのを思い出しました。

貧しい日本の借家

こうした例と比較して、日本の住宅事情はどういう実態にあるのでしょうか。その共通項と非共通項を見ておきたいのです。つまり、日本の住宅事情は先進国といえるものなのかどうか

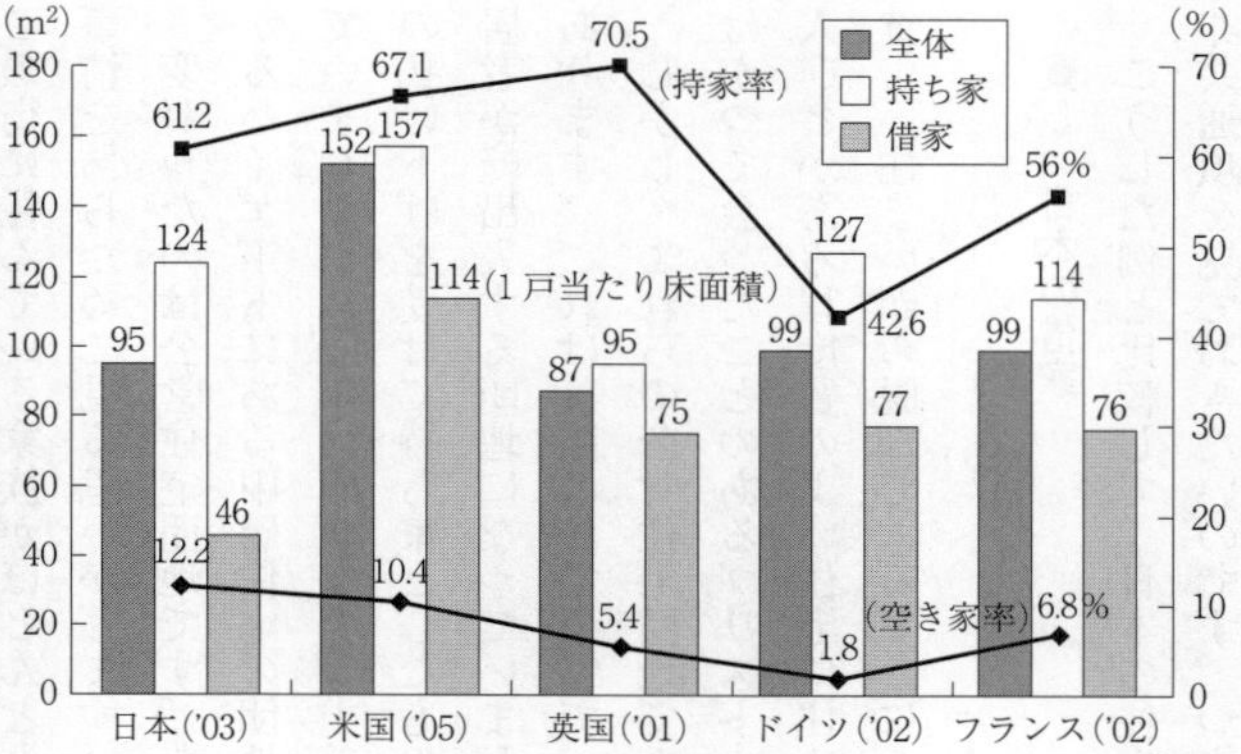

図 3-1　各国の住宅床面積と住宅事情

出典：日本 2003 年住宅・土地統計調査
アメリカ American Housing Survey for the United States 2005
イギリス English Housing Condition Survey 2001(データはイングランド)
フランス enquete Logemant 2002, insee
ドイツ Federal Statistical Office Germany 2002

です。

各国の統計(図3－1)を見てわかるのは、まず共通していることとして、各国とも持ち家率が高いことです。とくに英国の場合、サッチャーの公営住宅払い下げ政策によって、それ以前よりも持ち家が急激に増えています。戦後しばらく英国では公共住宅、なかでも自治体による公営住宅が全住宅の三〇パーセントを超える時代もありました(たとえば、一九八一年にインナーロンドンの公営住宅率は四三パーセント、アウターロンドンでは二三パーセントを占めていたという数字もあります)。しかし、今日では劇的にその率を下げ、一二パーセント前後になっています。評価額の三割引きから五割引き、しかも住宅ローンで払い下げたのですから、公営住宅を持ち家とした人たちが増えたのです。

ストックホルムに本部があるＩＵＴ（国際借家人連合）の調査では、ヨーロッパ全体で公共賃貸住宅は、一九九〇年から二〇〇三年までの間に英国を含め一四パーセント減ったとしています。その結果、住宅を持てる人と持てない人の資産格差と居住格差が生じることになっています。ＩＵＴが「公共住宅の大量払い下げをやめよ」とキャンペーンをしているくらいです。

同時に共通しているのは、各国とも持ち家に比べて借家の面積が小さいことです。とくに日本の場合、極端に狭いのが目立ちます。住宅取得が市場にまかされている米国の場合はともかく、英国やドイツの六〇パーセントくらいしかありません。これは日本の場合、公共住宅が狭いのを反映して、民間住宅がより狭くなっていることが原因と見られます。日本の公営住宅を含む公共賃貸住宅が全住宅に占める割合は、〇三年に六・七パーセントでしかありません。ですから、いまや公共賃貸住宅が民間賃貸住宅におよぼす影響力もありません。

「公共住宅の大量払い下げをやめよ」と訴えるIUTのポスター

英国の場合、公営住宅でも三〜五室が一般的ですから、この彼我の差が数字に表われていると見ていいでしょう。

次いで非共通項として挙げられるのは、日本の場合、空き家率が高いのが際立っていることです。〇三年で一二・二パーセントもあります。こうしたことを根拠に、政府は、すでに一世帯一住宅を充足している、もはや住宅は量の時代ではなく質の充実にこそ政策対象を絞る時代だとしてきました。果たしてそうなのでしょうか。

実はこれがまやかしの数字であることは空き家率を調査した総務省自身のデータ（「住宅・土地統計調査」一九九八年）で明らかになっているのです。つまり、この空き家の中身たるや最低居住水準未満（四人世帯で３ＤＫ・五〇平方メートル）以下の利用不適住宅（延べ床面積が一八平方メートル未満、それ以上でも老朽度が大きいもの、同じくトイレ共用のもの）が二〇パーセントあり、そのほかに住宅としての条件を備えていないため入居者を募集していないものが二八・六パーセント存在していることが判明しているのです。入居者を募集しているにもかかわらず空き家となっているのも四三パーセントあります。このことは、空き家率が大きいから即住宅が足りているとはいえないことを示しています。家族数に見合った適切な広さ、家賃、環境の住宅が空き家となっているわけではないのです。

住宅としての広さが十分でなくても家賃が適当だからやむをえない——そんな人たちが住ん

でいる場合、最低居住水準未満の住居となる可能性があります。いま掲げた総務省の調査によれば、公営住宅の九・二パーセント、UR・公社住宅の一〇・一パーセント、民間借家の九・八パーセントが最低居住水準未満となっています。最低居住水準未満の住宅は、全体では四・二パーセントですから、その数値と比較すると、借家のそれがいかに高いか、逆にいえば借家の居住水準がいかに悪いかがわかるというものです。

達成されない最低居住水準

最低居住水準は、住宅建設計画法に基づき第三期住宅建設五カ年計画(一九七六〜八〇年度)において「すべての国民に確保すべき水準」として、一九八五年度までに達成すると掲げた住宅政策の目標でした。同時にこの計画はその上の平均居住水準という目標も設定していて、これは八五年度までに達成するのがのぞましいとしていました。当時の最低居住水準、平均居住水準は表3－1の通りです。その後、第五期計画(一九八六〜九〇年度)になって、平均居住水準に代わり、二〇〇〇年を目標にした誘導居住水準が設定されましたが、最低居住水準のほうはそのままとなっています。これが居住水準計画のこれまでの経緯です。

つまり最低居住水準未満世帯の解消は、八五年度までに達成されるはずだったのに、計画策定から三〇年近く経ってもなお達成されていないのです。政府にとって不幸だったのは、七二

表 3-1　第 3 期住宅建設 5 カ年計画が掲げた居住水準

最低居住水準

世帯人員	室 構 成	居住面積	住戸専用面積	参考，住宅総面積(共用部分等を含む)
1 人	1 K	7.5 m^2(4.5 畳)	16 m^2	21 m^2
2 人	1 DK	17.5 m^2(10.5 畳)	29 m^2	36 m^2
3 人	2 DK	25.0 m^2(15.0 畳)	39 m^2	47 m^2
4 人	3 DK	32.5 m^2(19.5 畳)	50 m^2	(標準世帯)59 m^2
5 人	3 DK	37.5 m^2(22.5 畳)	56 m^2	65 m^2
6 人	4 DK	45.0 m^2(27.0 畳)	66 m^2	76 m^2
7 人	5 DK	52.5 m^2(31.5 畳)	76 m^2	87 m^2

平均居住水準

世帯人員	室 構 成	居住面積	住戸専用面積	参考，住宅総面積(共用部分等を含む)
1 人	1 K	17.5 m^2(10.5 畳)	29 m^2	36 m^2
2 人	1 DK	33.0 m^2(20.0 畳)	50 m^2	60 m^2
3 人	2 DK	43.5 m^2(26.5 畳)	69 m^2	81 m^2
4 人	3 DK	57.0 m^2(34.5 畳)	86 m^2	(標準世帯)100 m^2
5 人	4 DK	64.5 m^2(39.0 畳)	97 m^2	111 m^2
6 人	4 DK	69.5 m^2(43.5 畳)	107 m^2	122 m^2
7 人	5 DK	79.5 m^2(48.0 畳)	116 m^2	132 m^2

注：1　標準世帯とは，この場合，夫婦と分離就寝すべき子ども 2 人より構成される世帯をいう．ただし，6 人以上世帯の子どもについては，そのうち 2 人は同室に就寝するものとしている．

2　居住面積には，寝室，食事室，台所(または食事室兼台所)および居間のみを含む．

3　住戸専用面積には，寝室，食事室，台所(または食事室兼台所)，トイレ，浴室，収納室などを含むが，共同住宅の共用部分およびバルコニーを含まない．

4　室構成の記号は，数字は寝室数，L は居間，D は食事室，K は台所(ただし 1 人世帯の DK は食事室兼台所)である．

5　住宅総面積は，階段室型中層共同住宅の場合で，共用部分およびバルコニーを含む(ただし，バルコニーについては，面積の 2 分の 1 を算入している)．

年に田中角栄による日本列島改造論が発表されて、列島中の地価が暴騰したこと、また七三年に第一次オイルショックがあって景気が冷え込む事態が起きたことです。短期的には、そのような官僚の意欲を削ぐ要因があったとしても、これが言い訳にならないのはいうまでもありません。政策の怠慢以外の何ものでもありません。というのも、七三年には経済社会基本計画において「活力ある福祉社会」を実現することが掲げられていたのです。住宅建設計画には、これと連動して国民の居住水準を向上させていく政策的責任があったといえるのです。

元建設官僚で日本住宅公団総裁を務めた故南部哲也氏はかつて「住宅政策の基本というのは、最低居住水準以下のものを救う、それを平均水準に持っていく、総戸数がいくらあるという問題ではないわけです」といっていましたが（南部哲也「日本住宅公団と団地づくり」大本圭野『〈証言〉日本の住宅政策』日本評論社、一九九一年所収）、この基本がないがしろにされてきたわけです。最低居住水準未満の世帯は取り残され、その状態が固定化されていくことになっているのです。建設省、その後身の国土交通省の官僚たちは、この南部氏の言葉をどう受け止めるのでしょうか。三〇年以上も目標が達成されないのに、その原因についての説明がないのは不誠実きわまりないし、国会でこれを追及する政党がないのも不思議なことといわなければなりません。

中曽根「民活」と地価高騰

最低居住水準未満世帯の解消を阻んだ原因の一つに、「短期的」には列島改造論とオイルショックがあると先に指摘しました。ではもう少し長い目で見ると、どういうことがいえるのでしょうか。私は「中曽根アーバンルネッサンス」にその大きな原因があると考えます。

中曽根内閣が誕生したのは一九八二年ですが、同内閣は財政赤字を拡大することなしに内需を広げる方策として、民間資本の活用による都市再開発を打ち出しました(これを経済紙が「アーバンルネッサンス」とはやし立てたものです)。それは、民活により「国際都市トーキョー」を形成するとして、八三年から八五年にかけて民間に国公有地を随意契約で払い下げたのを皮切りに、前述しているように都市計画、建築基準法の規制を緩和して進められました。ちなみに、この八五年は最低居住水準未満世帯解消の目標年でした。

この民活による都市再開発が地価上昇を促すことになり、八七年に東京都の商業地に端を発する地価高騰になって現われることになります。それはまたたく間に大都市圏から地方都市に広がり、商業地から住宅地へ飛び火していったのでした。地価高騰は列島改造時の約二倍におよぶことになったにもかかわらず、この都市再開発ビジネスにゼネコン、デベロッパー、商社、金融などのあらゆる資本が参入し、さらに地価を押し上げ、バブルを形成していったのです。

その結果、資本側は大きな負の遺産を背負うことになりますが、より大きな影響を受けたのが大都市勤労者の居住改善と、その保障に当たるべき住宅政策でした。つまり、個人としても、政策的にも高地価が壁となり、前に進むのが不可能になってしまったのです。

東京都が発行している『東京の土地』の一九八九年度版によれば、区部の民間集合住宅の価格は八六二八万円、勤労者平均年収の一二・七倍、多摩地区におけるそれは五一六〇万円、同七・六倍に達していました。現在、高齢化を迎えている多摩ニュータウンなどの民有地には、この時期、つぎつぎと集合住宅が建設されました。同時期、当時の経済企画庁の説明では、東京圏で平均的な中堅勤労者が購入可能な住宅価格は三五〇〇万円までということでしたから、地価高騰がいかに人びとの居住改善に立ちはだかったかがわかるというものです。

公共住宅政策の破綻

こうした状況は住宅政策の重要部門、公共住宅の用地取得を困難なものにしました。東京都の都営住宅建設用地の場合、その取得面積は八六、八七年度と毎年度四〇パーセントの割合で減少し、しかも取得した用地の九〇パーセント近くが国公有地でした。民有地の買収は地価が高すぎてできなかったわけです。これでは公営住宅の建設はままならない。公社、公団の場合も同様で、公共住宅の供給戸数は年々先細りしていくしかありませんでした。

あるいは、高価格の民有地を取得して住宅を供給するにしても、その家賃、分譲価格は高額

バブル期に売り出された東京・多摩ニュータウンの集合住宅(八王子市南大沢)

化せざるをえません。このころ私は、東京都住宅供給公社が新宿区で販売した再開発による分譲住宅に九〇〇〇万円強の価格がついたのに驚いたことを記憶しています。これは勤労者のための住宅を供給するとうたった地方住宅供給公社法を裏切るものにほかなりません。

こうした状況では、政策当局にとっては最低居住水準未満世帯の解消どころでなくなります。官僚に政策的怠慢を起こさせたのには、こうした背景もあったと見ていいでしょう。最低居住水準未満世帯の固定化はこのころから始まっていたのです。それに追い討ちをかけたのが小泉構造改革でした。

このように見てくると、日本の住宅事情で先進国と異なる負の部分は、多くは政策的に引き起こされたものであると理解できるでしょう。だから住宅問題とは、住宅政策の問題であるといわざるをえないのです。

2　持ち家主義の加速と失速

戦前の借家から戦後の持ち家へ

戦前の大都市では借家暮らしが一般的でした。一九四一年の大都市住宅調査では、その借家が七五・八パーセントを占め、都市住宅の大部分を構成していたことがわかっています。どこへ行っても借家があり、家族構成、収入、勤務先、ライフスタイルに応じてほうぼうを引っ越して歩くことが可能でした。田村明『東京っ子の原風景』(公人社、二〇〇九年)がその様子を生き生きと描いています。家賃や部屋代も比較的安価でした。私の親の世代はそうした住生活をしていて、その世代が懐かしさをもって戦前を振り返るのを記憶しています。

もちろん、余裕のある層は持ち家を取得することができました。色川大吉『ある昭和史』(中央公論社、一九七五年)は、戦前の庶民住宅について触れています。それによると、結婚したばかりの夫婦二人きりの、ダイニングルームを南に取り、北側に寝室と化粧室のある方形の「スイートホーム」の建築費が一五〇〇円、より上等の文化住宅が一七〇〇円弱。同書は、一九二九年の『婦人公論』一月号の記事を紹介して、当時の大学出のサラリーマンの初任給が七〇〜八〇円、中堅サラリーマンともなると一二〇〜一三〇円の月給を取っていたので、一年分強の収入を蓄えれば自分の住まいを持つことができたと記しています。それでも借家住まいのほうが多かったのです。

そうした住み方が戦後は持ち家に傾斜することになったのはなぜでしょうか。それは戦後直後の混乱や当時の住宅事情と無縁ではないと思われます。当時、戦争でだれもが一夜のねぐらを求めて右往左往した体験があり、安心して家族が過ごせる住居を渇望していたのです。

しかも、これまで蓄えていた貯金や国債は何の価値もない紙切れと化し、さらにインフレで金の価値も下がるばかり。金を持っていても役に立たないことがはっきりしたわけです。財産として、いざというときにもっとも安心なのは不動産しかないと思うことになったとしても、決して不思議ではありません。住宅金融公庫が第一回の貸付を受け付けた一九五一年一一月、窓口には長蛇の列ができましたが、このことは、人びとのそうした心理状態を説明しています。

一般的にいって人びとが持ち家に傾斜することになるには、次のような理由が考えられます。①持ち家は財産としての価値があり、財産形成の主要なターゲットとして位置づけられる、②住宅の規模が持ち家で広く、借家で狭い格差があることから、広さへの欲求が持ち家への欲求に転化しやすい、③持ち家の借入金返済額が借家の支払い家賃に近いとしたら、借家居住者に家計負担額が同程度なら持ち家のほうが有利と思わせることになる、といったものです。これはおそらく、各国共通しているのではないかと思われます。

経済対策としての持ち家政策

日本の場合、こうした持ち家志向に、さらに拍車をかける特殊な事情がありました。国が持ち家に積極的に資金を貸し出したことです。それは一九六五年に住宅建設計画法により第一期住宅建設五カ年計画がスタートし、加速されることになります。なかでも八二年、中曽根内閣以降、景気対策として住宅金融公庫の融資枠が拡大してから、それが顕著になりました。同内閣は内需を拡大する手段として五次にわたり計三兆円超、一〇万戸分の融資を実施したのです。

このように景気対策として金融公庫融資を拡大するのは以降、宮沢、細川、村山、橋本、小渕内閣でも行われます。とくにバブル崩壊後の小渕内閣のもとでは、大規模住宅建設に融資額の加算をしたり、住宅ローン返済困難な世帯に返済期間の延長を認めたり、都市居住住宅への融資拡充をしたり、あらゆる口実をつくって、なりふり構わぬ融資拡大に走ったものです。これでは融資を受けなければ損といった状況にさえなってしまいます。日本ではこうして持ち家が増えていったといっていいでしょう。

しかし、この公庫融資による持ち家取得も二〇〇〇年に入ると、一気に失速します。それまで七期にわたる住宅建設五カ年計画では、つねに計画を上回る持ち家が建てられていましたが、二〇〇一〜〇五年の第八期計画では、計画の三四・四パーセントに落ち込んでしまうのです。

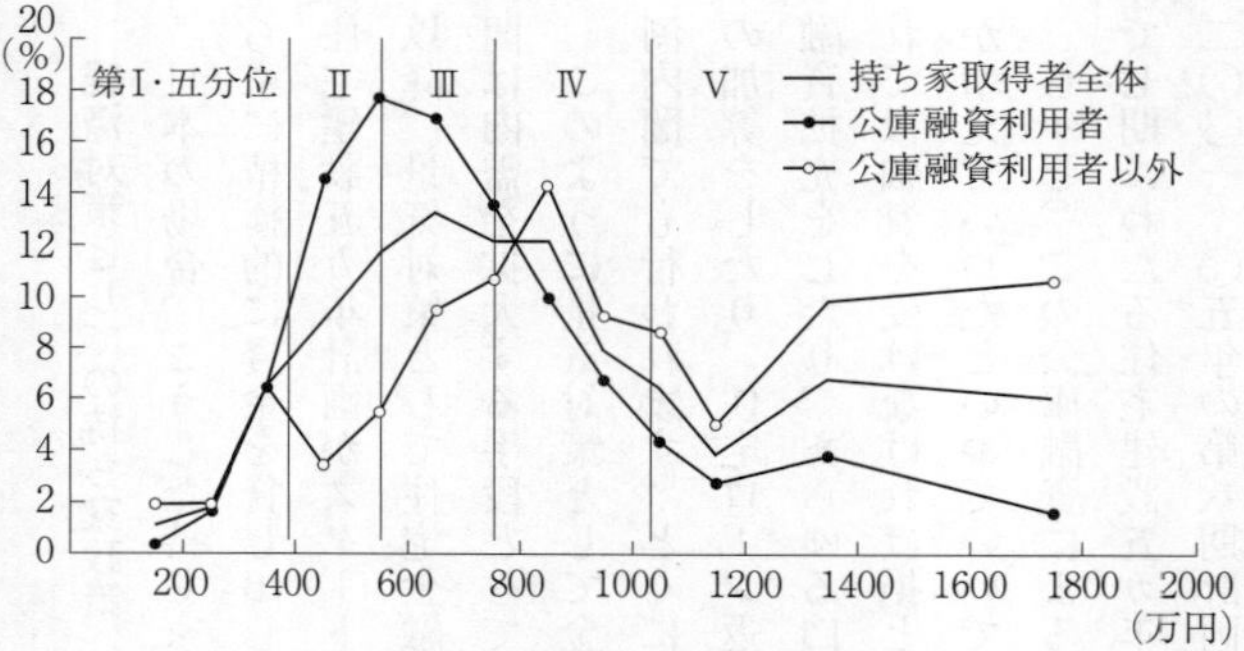

図 **3-2**　持ち家取得者の年収分布図(資金別)

出典：持ち家取得者全体は，建設省「民間住宅建設資金実態調査結果」による．公庫融資利用者は，「マイホーム新築融資回次別分析」による．公庫融資利用者以外の持ち家取得者は，以上を基に住宅着工戸数の資金別シェアを用いて推計している

その理由として一つには、持ち家を取得できる層はだいたい取得し終わったということが挙げられるでしょう。各国の持ち家率も六〇パーセント前後ですし、ピラミッド型になっている国民の収入分位からいっても、そう見ておかしくありません。また、政府が持ち家取得策を強力に推進するのにあわせて、家計の範囲を超えて持ち家を取得しても、やがて破綻するのは避けられないことが人びとに浸透してきたことも挙げられます。

公庫の融資を受けて返済中の住宅は〇一年の時点で五四七万戸にのぼりますが、国民の住まいを守る全国連絡会によると、うち年収八〇〇万円以下の層が約八割を占めるといいます。改めて図で見ると、六〇〇万円台がいちばん多くなっています(図3－2)。公庫融資はここのあたりを境に融資を受けられる層と受けられない層に分け、結果的に国民の居住形態を持ち家層と非持ち家層に分け、持ち家層は居住水準の改善を確保したといえます。しかし、その持ち家層といえども、家計を犠牲に相当無理をして居住改善をはかっていることがうかがえます。この最多年収層が六〇〇万円台という数字の意味は決して小さいものではありません。

その意味するところの一つに、九五年以降、公庫融資の延滞件数、延滞額が年々増えてきていて、これに関連して公庫住宅融資保証協会の個人返済の代位弁済件数、金額もウナギ上りの状態が続いていることがあります。たとえば九八年度の延滞件数は二万三〇〇〇件、延滞額は三四〇〇億円、代位弁済件数は一万四〇〇〇件、その額は二〇〇〇億円です。裁判所での住宅・土地の競売物件が増えている理由もここにあるわけです。このように、住宅ローン問題が深刻なのは米国だけではないのです。

もはや持ち家がこれ以上増える状況ではありません。六〇〇〜八〇〇万円の収入では持ち家取得は、なかなかきびしいからです。だとしたら、公共住宅にも期待できないわけですから、持ち家を取得できないギリギリの中堅層の人たちの居住水準の改善はなかなか進まないだろうということになります。最低居住水準未満世帯が解消しないで固定化しつつある理由です。

貧困な若年層の居住

日本の持ち家推進一辺倒の住宅政策は、さまざまな部面で、さまざまな歪みを生じさせました。家計が破綻する人たちが出ているのはその一例にすぎません。その最大の歪みは、持ち家推進策が一定の収入のある家族世帯を対象にしていたため、そうでない人たちの居住セーフティネットがすっぽり抜け落ちたことでしょう。本来なら公共住宅でカバーすべき層の居住水準改善がおろそかにされてきたことは前述した通りですが、さらに問題なのは、若年層への住宅政策が抜け落ち、とくに公的住宅供給が存在しないことです。そのことが、核家族化の進行を促すことにもなりました。二世代以上の家族が同居する広さの住宅がないために、若年層は独立せざるをえません。しかし、若年単身者や若年二人家族は収入に見合った十分な居住水準の住居を取得できないので、それらの人たちの住宅難が広がってきているのです。

神戸大学の平山洋介教授の調査よると、若者の多くは民営の借家に住んでいて、二〇～二四歳で男女とも八九パーセント、三五～三九歳でも男性の七一パーセント、女性の七三パーセントを占めるといいます(日本住宅会議編『若者たちに「住まい」を！』岩波ブックレット、二〇〇八年)。持ち家率は男女とも三五～三九歳になっても一七パーセントにすぎません。社宅や社員寮などの給与住宅に住んでいるのが男性の二五～二九歳で一五パーセント。これらの中に派遣・契約社員などで会社の宿舎に居住している人たちが存在するのは想像に難《かた》くありません。

若年単身者の圧倒的多数が民営借家に居住しており、しかも四〇歳近くになっても住まわざるをえないでいるという状況なのです。その民営借家に最低居住水準未満の住宅が多いのはこれまでに触れてきた通りです。また近年、若年者の労働実態が流動化し、終身雇用が揺らいできているために、より水準の高い住居に転居するのも難しくなってきています。このことは若年単身者の劣悪な居住実態が固定化してきていることを物語っているにほかなりません。

あるいは、これらの若年単身者の中には親の死により、親が住んでいた住宅を相続するケースもあるかもしれませんが、その幸運にめぐり合えるのは持ち家の場合に限られます。しかし、団塊の世代以降の世代の持ち家取得の可能性は、所得と住宅価格が乖離するばかりの市場を見れば、きわめて低くなっています。したがって、二〇~二四歳世代が、そのような幸運に恵まれる確率は相当低いと考えるのが妥当でしょう。

さらに、たとえば公営住宅の場合、相続が不可能なことも前述している通りです。英国のように親から子へ、子から孫へというわけにはいかないのです。こうして若年単身者の多くは住職も、とても不安定な状況にあるといっていいでしょう。こうしたところにも、ゼロゼロ物件やウィークリー物件、簡易宿泊所や個室ビデオ店が存在する理由があるのです。

居住のハシゴがない

私の世代が若年層だった一九五〇年代から六〇年代にかけてのころ、日本は「階段社会」、もしくは「ハシゴ社会」でした。つまり、階段、あるいはハシゴを一歩一歩昇っていく社会ということです。その気になれば上層に昇っていくことも可能でした。私は就職すると、六畳一間のアパート暮らしを始めましたが、周囲には高卒後に集団就職で上京してきた同年代の若者たちもたくさんおり、同様の暮らしをしていました。この時代の日本経済は右肩上がりで成長を続けていて、私たちの給料も右肩上がりで伸びていきました。ですから、収入に合わせて居住水準がより上の住まいに移ることが可能だったのです。

そのような時代状況の中で、収入の高い層は持ち家を取得していったのですが、若年層もそれなりに上の階段に昇っていけたのです。当時の集団就職組が数年のうちに、トイレや台所が付いたより上のクラスのアパートに移っていったのを記憶しています。おそらく団塊の世代までは、そうした階段社会にいたといっていいでしょう。

このような社会が崩壊ないし確固たるものでなくなったのは、バブルがはじけてからのことです。とくに〇八年末に起きた米国のサブプライムローンの破綻による金融危機の影響によって、経済不況後はそれが顕著になっています。終身雇用の職場にでも属していない限り、その気になって階段を昇りたいと思っても、雇用も収入も不安定です。昇ることができる条件が消滅してしまっているので、昇りようがない社会になってしまいました。目の前から階段がなくなったに等しいといえます。その結果、なかでも単身若年層は、不安定な居住から抜け出せなくなっているのが、その後の状況です。

こうした住宅問題を解決するためには、住宅政策が労働政策や福祉政策とリンクして展開されなければなりません。それによってはじめて、その出口が見えてくるでしょう。そうした他の政策を合わせ実施していくことが住宅政策のあるべき役割なのです。そういう意味で単身若年層が居住不安の状況にあるのは、政策不在が生み出した以外の何ものでもありません。

ところで大都市の隅々を歩くと、住宅政策から取り残されているのは低所得層、単身若年層、あるいは高齢者だけでなく、地域ぐるみで取り残されているところもあります。私はそうした地域を東京でも大阪でも見ています。木造住宅密集地域がその典型例といっていいでしょう。

3　取り残された木造住宅密集地域

老朽化の進む木造住宅密集地

木造住宅密集地域とは、老朽化した木造住宅が集積して、住宅・工場が混在したり、道路、公園などのオープンスペースが不足していて、大地震時に火災や建物倒壊などの危険性が高い地域を指します。そこでは、一九五〇年代後半からの高度成長期に進められた都市基盤整備も遅れたまま、無秩序に建てられた狭小な住宅が多く、最低居住水準に満たない住宅が多いという特徴があります。少し古いデータですが、東京の場合、九五年度の『東京都住宅白書』では、木造住宅密集地域の住宅の一戸当たり平均床面積は二四・六平方メートル、全住宅の平均値六二・一平方メートルの半分以下の規模しかない世帯の比率が高く、日照、通風などの居住環境条件も好ましくないと報告されています。賃貸住宅の場合、家主の高齢化とともに建物のさらなる老朽化が進み、補修や建替えも行われていないのが、危険度を増幅しています。

とくに危険度が高いのは、一九七〇年以前に建てられた木造建築物棟数率七〇パーセント以上、それ以前に建てられた老朽木造建物棟数率三〇パーセント以上、一ヘクタール五五世帯以上、不燃化率六〇パーセント未満の地域とされています。

国土交通省の調査によると、こうした地域(「密集市街地」と呼ぶ)が〇六年度の時点で全国で八〇〇〇ヘクタールあります。大都市地域に多く、東京に約二三三九ヘクタール、大阪に約二二九五ヘクタールあり、ここに多くの人びとが住んでいるのはいうまでもありません(図3-3)。

そうした地域の一つ、大阪市生野《いくの》区南部地区はJR環状線の寺田町駅のすぐ東側にあります。交通の便はすこぶるよく、天王寺《てんのうじ》からも約二キロ、車で五分くらいです。寺社や旧街道筋など

東京：約 2,339 ha　　　大阪：約 2,295 ha

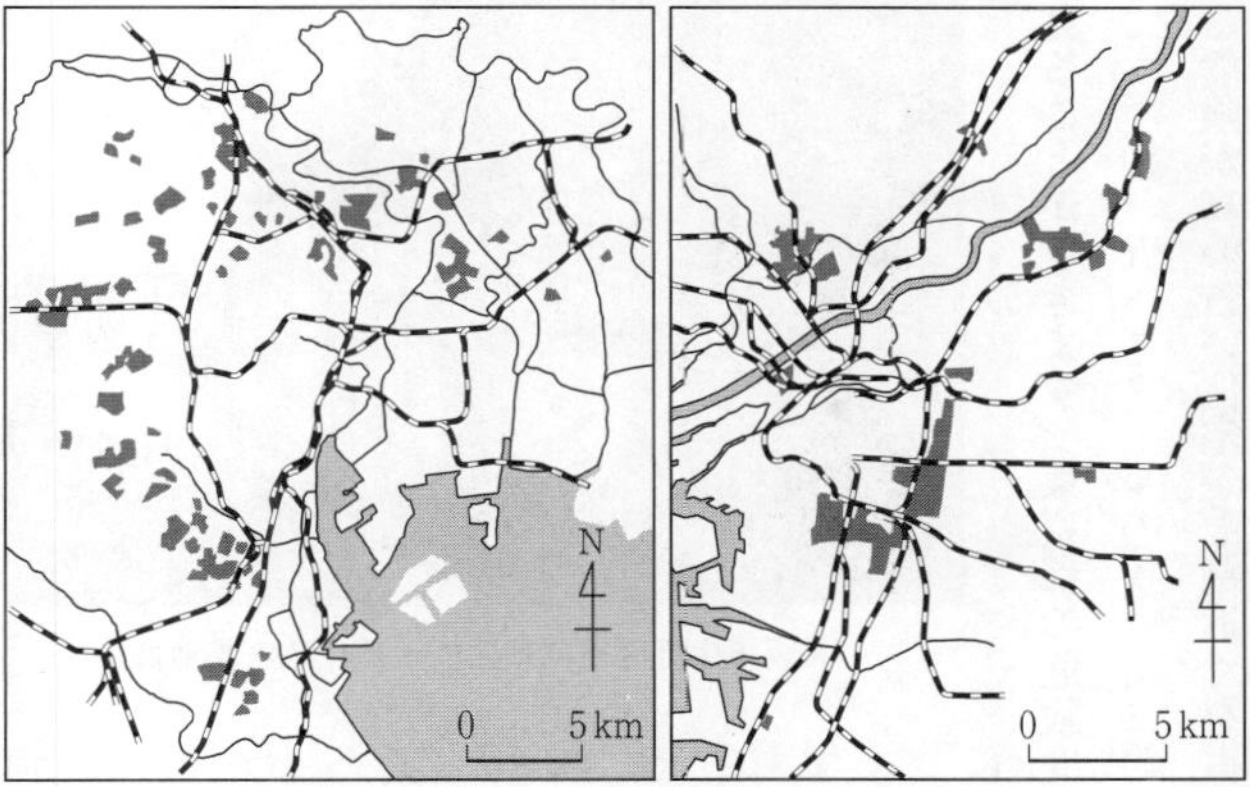

図 **3-3**　密集市街地の分布状況
出典：国土交通省「地震時等において大規模な火災の可能性があり重点的に改善すべき密集市街地における改善施策について」(2006 年 3 月)

の歴史的資産が残っていて、戦前は長屋が路地裏空間を形成していたと聞くと、なるほどと思わせる古い街です。この九八ヘクタールくらいのところに約七三〇〇世帯、約二万人が住んでいます。道幅が四メートル未満の狭い道路が地域の西側半分に集中していて、緊急車両が通れないような状態です。この道路を挟んで、戦前と戦後直後に建った老朽木造住宅が密集しています。

東京では、墨田区京島《きょうじま》地域がそうした地域として知られています。東武亀戸《かめいど》線と京成押上《けいせいおしあげ》線の二つの曳舟《ひきふね》駅の東側に広がっています。京島二丁目と三丁目の二五・五ヘクタールの街に三四三〇戸余、約八〇〇〇人が住んでいます。ヘクタール当たりの住宅数は一三五戸で、かなりの密度です。

戸建てが七五パーセント、また木造住宅率は七一パーセント。区によると不燃化率は国の基準で三一パーセントとのことです。同時に火災が発生すると延焼危険度がきわめて高い地域とされています。

この地域の中には一メートル未満の路地もあります。古い住宅が多い。軒先に盆栽を置いたりして、ここを「終の棲家」にしようとしている人が多いのがわかります。道路の拡幅事業や建替えがかなり進んでいるとはいえ、なお狭い道路に沿って低層の古い長屋が連なる光景には、その危険度を実感せざるをえないところがあります。

大阪市生野区南部地区の木造住宅密集地域

足立区千住仲町は、JRと地下鉄の下り線が北千住駅に入る手前の西側に広がる小さな街で、電車の車窓からも見ることができます。東京都の危険度測定調査では、総合危険度ワースト1とされている地域です。約一五ヘクタールの狭い街に約一五〇〇世帯が住んでいますが、大地震のさいに倒壊する危険が高い古い住宅が七割近くを占めています。地域の中を二メートル未満の狭小路地が住宅に走り、一部に「自転車通行不可」のところもあります。方向がわからなくなり、路地をぐるぐる回っていると、ＪＲの線路際に出てしまいます。

ここでも住民の高齢化（高齢小世帯が約三割）が進んでいて、建替えの意欲、資金が乏しく、街の老朽化、住民の高齢小世帯化は加速するばかりです。つまり、これはどの地域にも共通することですが、〈住居改善が困難―若年層の転出―人口の減少―高齢世帯の増加〉という悪循環に陥っているのです。公共住宅団地とまったく同じであることがわかります。その結果、それぞれの家の孤立化が進み、災害に見舞われたときが心配だと区職員がいっているほどです。したがって、この木造住宅密集地域の問題も、また住宅政策の問題と捉える必要があるわけです。

災害は弱者を襲う

これらの地域にとって最大の危険が大地震であるのはいうまでもありません。大地震に見舞われたらどうなるのか、近畿圏、首都圏全体の被害想定はすでに公表されています。このことを知れば、足立区職員の心配が決して単なる危惧ではないのがわかります。

生野区南部地区のある近畿圏ではどうでしょうか。国の中央防災会議の専門調査会が〇七年に公表した被害想定によると、冬の朝五時に大阪市直下を走る上町断層で地震が発生した場合、大阪府内の広い地域で震度七の揺れに見舞われることになります。最悪の場合、約九七万棟が全壊、約四万二〇〇〇人が死亡すると想定されています。その約四万二〇〇〇人のうち八割に当たる三万四〇〇〇人が建物の下敷きによる死亡という。なかでも市内の生野区、西成区、東住吉区などで大きな被害となるというのです。

首都直下型地震が起きた場合はどうでしょうか。やはり中央防災会議の専門調査会の想定では、冬の午後六時にマグニチュード六・九の地震が最悪のパターンで発生したとすると、東京、埼玉、神奈川の一都二県で約二五〇〇件の火災が発生し、建物は火災によって約六五万棟、激しい揺れで約一五万棟、液状化で約三万三〇〇〇棟に被害が出て、最悪で約八五万棟が全壊もしくは焼失するとのこと。火災によって約八〇〇〇人、建物倒壊で約四〇〇〇人の計一万二〇〇〇人が犠牲になりますが、うち四割が単身高齢者など「災害時要援護者」だというのです。この想定でもっとも危険とされているのは、都心を取り巻く環状七号線周辺に広がる木造住宅密集地域(ここも、もちろん全国八〇〇〇ヘクタールの中に入っています)と東京湾北部に位置する墨田区、足立区などです。

災害は弱者を襲う。これは古今東西の災害に共通していることで、阪神淡路大震災でも明らかになった教訓です。阪神淡路大震災では、被災後死亡を含め約六三〇〇人が犠牲になりましたが、全死亡者中七〇歳以上が三三・七パーセント、六〇歳以上になると五三・一パーセントを占め、また生活保護世帯の住居の全半壊率が一般世帯のそれに比べて約六倍に達していました

（日本住宅会議編『住宅白書　一九九六年版――阪神・淡路大震災と住まい』ドメス出版、一九九六年）。

だから中央防災会議の専門調査会の想定は、不幸にして仮にまた大地震に見舞われたとしても、その被害の実態は阪神淡路大震災の場合と変わらないことを予言しているといっていいでしょう。それがわかっているのなら、弱者の中から被害者が出るのを少しでも減らす努力がなされなければなりません。それが政治であり、行政の役割というものです。

進まない国の整備事業

では、国はどんな対策を進めているのでしょうか。それは、『国土交通白書』（二〇〇八年度版）に簡単に触れられています（多くの人命に関わる問題なのに、わずか半ページに過ぎません）。「安全・安心社会の構築」の項において、全国八〇〇〇ヘクタールの密集市街地を重点整備し、二〇一一年度までに「最低限の安全性を確保する」としています。白書では次のように述べています。すなわち、①幹線道路沿いの建築物の不燃化による延焼遮断機能と避難路機能が一体となった都市の骨格的防災機能や避難地となる防災公園を整備する、②防災街区整備事業、住宅市街地総合整備事業による老朽建築物の除却と合わせた耐火建築物への共同建替えによる防災性の向上と居住環境の整備を進めることを挙げ、さらに③〇七年に改正施行された密集市街地における防災街区の整備の促進に関する法律によって、税制上の特例措置を認めた認定建替え制度を進めることで密集市街地の改善を図るとしています。

具体的には住宅市街地総合整備事業（密集住宅市街地整備型）により大阪市生野区南部地区など一六九地区、住宅地区改良事業により東京都板橋区大谷口上町地区など三〇地区、都市防災総合推進事業により東京都葛飾区奥戸街道地区など八〇地区、密集市街地における土地区画整理事業、市街地再開発事業により葛飾区曳舟駅前地区など二〇地区で事業を進めています。これが国と区市が半額ずつ（場合によっては国が三分の一ないし三分の二）負担して行われます。

生野区南部地区の場合、一五年間で総額六三〇億円におよぶ大事業です。計画は一九九四年に始まり、二〇〇九年度には完成するはずでしたが、これがなかなか進んでいません。大阪市によると、完成年度の〇九年における事業の進捗度は次のようになっています。

建替え補助が計画二四〇戸に対し完成三三戸（進捗率一四パーセント）、都市計画道路の用地買収一万五四七六平方メートルに対し八五〇五平方メートル（同五五パーセント）、主要生活道路の用地買収六六七四平方メートルに対し三五七三平方メートル（同五四パーセント）、都市公園の用地買収二一〇〇平方メートルに対し二四一平方メートル（同一一パーセント）、従前居住者用住宅の整備三五〇戸に対し一七五戸（同五〇パーセント）、まちかど広場の整備一五カ所に対し六カ所（同四〇パーセント）、改良住宅の整備七四五戸に対し一〇七戸（同一四パーセント）、同用地買収五万六七九九平方メートルに対し一万九七一四平方メートル（同三五パーセント）。トータルすると、半分も終わっていないことがわかります。

墨田区京島地域の場合、市街地整備事業は八〇年代半ばから始まっていますが、〇四年から一〇年までの区の予算は約二〇億円です。これまで、このように予算を積み重ねて事業を継続して、〇七年までに計一五〇〇メートルの道路を拡幅していますが、これは二一〇〇メートルの計画の七割に過ぎません。また一三棟一〇三戸の住宅を建て替えています。その他、緑地整備、雨水貯水槽、ポケットパーク、集会所整備などを行っていますが、遅々たる歩みには変わりありません。足立区千住仲町の場合は住民間でまちづくり組織が立ち上げられて、地域再生の話が進んでいますが、〇九年の時点で具体的事業は手つかずの状態です。

災害から守るための居住環境

こうした状況を見てわかるのは、木造住宅密集地域に対する国や自治体の施策により、住まいと同時に居住環境の安全・安心を確保しえた人たちは全居住者のわずかな部分で、大方の人たちは取り残されたまま、災害の危険にさらされていることです。

対策が遅れている理由は、一つには地域内での土地利用が細分化していて、その土地の権利調整がなかなか進まないことが挙げられます。大阪の場合は、九〇年代半ば以降、公共主導による面的整備事業が民間主導に転換されたことにより、遅れることになっていると同市都市整備局は説明しています。民間は採算に合わない事業には手を出さないというわけです。加えて、事業の規模に比べて十分な予算がつかないでいることも大きな要因になっています。ここでも規制緩和の影響が現われているのです。

東京都の場合、年間の事業費補助額は三〇億円前後（これにほぼ同額の国の補助）の時代が長く続きましたが、そのペースで事業を進めていくとすれば、木造住宅密集地域を全部解消するには何百年もかかるという試算もあります。大地震はいつ来るかわからないというのに、それに対する備えが整うのは何百年先かわからないとは、まさに絶望的です。

その間、これらの地域で自ら居住改善を行いえない人たちは、親から子へ、子から孫へ、取り残されたまま過ごさなければならないわけです。あるいは、若い層は住みつづけることができずに転出し、高齢化が急速に進行することになります。政治や行政がこうした人たちの居住と環境の改善に機能しているとはとてもいえません。私たちは、こうした居住のあり方について、まさに生命の安全という側面からも考え直すときです。

第四章　「公」から市場へ——住宅政策の変容

公団賃貸住宅第１号の大阪府堺市の金岡団地（写真提供＝UR）

戦後の住宅政策が本格的に展開されることになるのは一九五〇年代になってからですが、それは公営住宅、公団(現UR)住宅、公庫融資住宅のいわゆる「三本柱」によって展開されてきました。公営住宅は低所得層を対象とし、公団住宅、公庫融資住宅は中高所得層を対象にしていました。つまり、日本の住宅政策はスタートの時点から階層別に展開されてきたわけです。

しかし、この住宅政策のスタート時点においては、たとえば公営住宅制度について、当時の官僚が「これは憲法第二五条の規定の趣旨に即したものであり、公営住宅の供給が、単なる勤労者の住生活安定のみならず、社会福祉政策として位置づけられていることが明らかとされている」と気負っていたように(小泉重信「公営住宅の変遷と評価」『ジュリスト』一九七三年七月一五日号)、かなり意識的に社会政策として位置づけようとしていました。公団住宅も「中堅勤労者」が対象だと明確にされていたのです。

それが一変するのは一九六六年にスタートした第一期住宅建設五カ年計画が、持ち家による戸数の増大を志向することになってからのことです。これを受けて七〇年代に入ると、大都市郊外には建売り住宅が増え、なかには敷地が五〇平方メートル前後のミニ開発住宅団地まで現われました。私の世代のサラリーマンの多くは、この時期にそうした住宅や集合住宅を持ち家として取得しているはずです。私が公団の団地から移ったのも建売りの住宅でした。居住水準を改善するにはそれしかありませんでした。そうした趨勢は富裕層を除いて、一般的には団塊の世代まで続きました。それが戦後半世紀の日本の一般的な住宅事情だったように思われます。

1　戦後の住宅政策の軌跡

住宅不足解消をめざして

戦後の住宅行政の「三本柱」を時系列で見ると、公庫、公営、公団の順に制度化されますが、その最大の特徴はそれらが建設行政として一元化されて展開されたことでした。それまで住宅行政は内務省、そして同省から分割されて発足した厚生省の所管だったのです。日本の住宅政策は内務省社会局によって一九一九年に小住宅改良要綱という名の政策が策定され、これによって戦後の公営住宅に似た公益住宅が(たとえば東京では東京市営住宅というかたちで)各地に建設されていますが、それは社会政策の一環として位置づけられていたのでした。それが建設行政として進められることになったのです。

戦後すぐの住宅政策が、住宅不足数を解消するのを第一の目的としたことはいうまでもありません。当面の政策課題はバラック、仮小屋や壕舎に住まわざるをえない人たちに、迫りくる冬をいかに無事越えさせるかにあり、そのために敗戦直後の一九四五年九月に閣議決定されたのが罹災都市応急簡易住宅建設要綱でした。これは主要戦災都市のバラックなどの居住者に越冬住宅として面積六・二五坪の応急簡易住宅を半額国庫補助によって三〇万戸、自治体に建設させようというものでした。これが戦後初の住宅政策です。しかし、この計画は資金、資材、土地に十分な手当てがなされないままスタートしたものですから、同年度の建設戸数はわずか四万三〇〇〇戸に終わります。

その後も焼け残ったビルや兵舎、学校などの既存建物を住宅に転用する住宅緊急措置令などのさまざまな施策が打ち出されますが、一般国民の住宅不足の解消は遅々として進みません。その最大の理由は国の資金投入が産業復興に優先的にまわされたためです。日本と同じ敗戦国の西ドイツで、ときの首相アデナウアーがケルンの瓦礫の上で「すべての国力を住宅再建へ」と演説したのとはずいぶん違っています。ここに住宅金融制度の創設が政府の重要な課題となるわけです。折しもGHQから四八年八月一〇日付で金融機構改編命令が出て、その中に米国にならって住宅金融を行う特殊金融機関の必要性が掲げられていたことも追い風となりました。この時点から今日まで、日本の産業優先、米国にならう体質は変わっていないことになります。

この間に四五年一一月に設立されて住宅政策を所管してきた内務省系の戦災復興院は、四八年一月に内務省土木局と統合されて建設院として発足、建設院は同年七月に建設省と改称され、住宅政策、住宅行政は同省に一元化されることになります。それまでの住宅政策が内務省―厚生省による社会政策の一環として進められてきましたが、ここにおいて経済政策の一環としての建設行政として進められることになったわけです。

住宅金融公庫の発足と公営住宅の制定

こうして一九五〇年六月に発足したのが住宅金融公庫です。これは戦後住宅の復興を国の手では行えないので国民自身にゆだねたことを意味しています。一般国民の住宅難を平等に解消する施策より、まず自力で居住改善可能な人たち、つまり富裕層に融資して、それらの人たちに自力で住宅を確保させることを優先したのです。戦後の住宅政策の主流となる持ち家主義はなお小規模ながら、実はこのときから始まったといっていいでしょう。

しかし、住宅金融公庫法は憲法第二五条の理念を、その第一条(目的)第一項で記していたのです。そこには「住宅金融公庫は、国民大衆が健康で文化的な生活を営むに足る住宅の建設及び購入(住宅の用に供する土地又は借地権の取得及び土地の造成を含む)に必要な資金で、銀行その他一般の金融機関が融通することを困難とするものを自ら融通することを目的とし」とあります。

立法上の技術として、どんな法律においても憲法の理念が明示されるのが多いとはいえ、これは戦後初めて制定する住宅法だけに、四年前に公布された憲法の理念を明示したいという政府の思惑を反映しているといっていいかもしれません。

一九五一年六月に成立した公営住宅法の第一条には憲法第二五条の理念がより詳しく書き込まれます。「この法律は、国及び地方公共団体が協力して、健康で文化的な生活を営むに足りる住宅を整備し、これを住宅に困窮する低額所得者に対して低廉な家賃で賃貸し、又は転貸することにより、国民生活の安定と社会福祉の増進に寄与することを目的とする」とあります。

ここには前述した官僚の言にあるように、憲法が規定する国の生存権保障の責務を住宅対策面において具体化しようという気負いが見られないわけではありません。その説明を文字通り解釈すれば、公営住宅とは憲法が記している国民の生存権が住宅難の中で低所得者に現実に確保されていないことに対して、国の責務を実行することによって確保しようというものであり、それは社会保障における給付行政の一環として行われるものであると理解されます。

公営住宅法では、そのような理解は第三条（公営住宅の供給）によって裏づけられます。すなわち、同条は「地方公共団体は、常にその区域内の住宅事情に留意し低額所得者の住宅不足を緩和するため必要があると認めるときは、公営住宅の供給を行わなければならない」としています。さらに第四条（国および都道府県の援助）の項では、「国は必要があると認めるときは、地方公共団体に対し、公営住宅の供給に関し、財政上、金融上、及び技術上の援助を与えなければならない」とあるからです。

この公営住宅法は、戦後直後の罹災都市応急簡易住宅のような国庫補助住宅が、年度ごとにその補助額と補助条件を定めて建設されているのは不安定であるとして、制度に恒久性と計画性を持たせるために法律化したと解説されています。しかし、その供給量には限度があり、制度発足後の五年間で計二二万四〇〇〇戸、年間平均四万四八〇〇戸しか供給できず、国民一般の住宅難はいっこうに解消しませんでした。五五年以降になると衣食においては戦前の水準を超えるに至りますが、なお居住水準は回復しないままでいます。しかも経済復興を背景に三大都市圏に人口が集中することになり、戦争による住宅の絶対的不足に加え、人口集中地域の大都市圏における住宅難という新たな事態が生じてきます。

日本住宅公団の設立

そこで一九五五年に、大都市地域における中堅勤労者を対象にした広域的な住宅供給と宅地開発を目的とする日本住宅公団が設立されることになります。その意図は第一条(目的)に記されています。すなわち「日本住宅公団は、住宅不足の著しい地域において住宅に困窮する勤労者のために、耐火性能を有する構造の集団住宅及び宅地の大規模な供給を行うとともに、健全な市街地を造成するために土地区画整理事業を施行することにより、国民生活の安定と社会福祉の増進に寄与することを目的とする」としています。

ここにおいても「社会福祉の増進」という文言を使っているのは、低所得層のみならず、一般勤労者の居住確保もまた国の責務と政府自身が受け止めていたからでしょう。わざわざ、これら公庫、公営、公団住宅法の目的を紹介したのは、その後、これらの法律に基づく各セクターの計画がどう展開していくか、その重要なポイントになると考えるからにほかなりません。

これら公庫、公営、公団の「三本柱」による施策の最大の特徴は一戸でも多く建てる戸数主義、賃貸住宅より持ち家を取得させる持ち家主義を貫徹するところにありました。だが、その発足時においてはまだ、それが色濃く貫徹されるまでには至っていません。というのも当時、持ち家を取得できる富裕層はごく限られていたからにほかなりません。しかし富裕層といっても、今日と比べたらささやかなものでした。

公庫が第一回融資を行ったのは五〇年六月、一五〇億円の予算で八万一〇〇〇戸に対し融資が行われました。このときの平均融資額は約二二万八〇〇〇円でしたが、その申し込み受付のさいの模様を、当時日本勧業銀行の公庫業務担当だった大江きぬ氏は、次のように記録(『住宅金融月報』一九五三年六月号)に残しています。

「朝八時半には、もう一時間も前から列をつくって待っていたというお客様が真剣な頼るような表情で窓口に流れこんできた。年配の男の人が多かった。女の人はさすがに物馴れない様子であった。それだけに真剣さも感じられた。当時は、多くの人が同居や立ち退きを要求されており、はなはだしいのにいたってはまだ防空壕から抜け切れないでおった人さえあったほどで、住宅に困り抜いていた時であったから、飛びつくように相談にこられたのであろう。即刻取りかからなければ追い立てられるのだという気魄《きはく》といったような切迫感が感じ取られた」

この融資契約をした二万五八二五人を対象に調査が行われています。それによると職業は、会社または商店などの勤め人がもっとも多く五〇・六パーセント、ついで公務員が二〇・四パーセント、個人経営者が一三・六パーセントでした。月収別では一万円から二万円までが六一パーセントで一番多く、ついで一万円未満が一七パーセント、二万円から三万円未満が一六パーセントとなっていて、会社員、公務員などで月収一万円から二万円という当時の中所得以上の層が、公庫利用者の大半を占めていたことがわかります。

かれらが公庫融資を利用して建てた住宅は、一八坪以上の専用住宅が四二パーセント、一五〜一八坪未満が二六パーセント、一二〜一五坪未満が二〇パーセントだったという数字が残っています。この時点で公庫の融資を受けられたのは、かなり恵まれた層でしたが、かれらが建てたのは慎ましいものであったこともうかがえます。

団地の出現

公営住宅は一九五二年度を初年度とする第一期公営住宅三カ年計画が立てられ、計一八万戸

(第一種木造七万二〇〇〇戸、第一種耐火六万三〇〇〇戸、第二種木造四万五〇〇〇戸)を建設・供給することになりますが、その達成率は結局六八・九パーセントにとどまります。とくに第一種住宅入居者より低所得の人たちを対象とした第二種住宅は五三・二パーセントでしかありませんでした。これは低所得層はより軽視されていたことを反映する数字といっていいでしょう。

日本住宅公団は東京、大阪、名古屋の三カ所の支所を開設して発足、初年度の五五年度に全国で五〇以上の団地を造成、計二万戸の住宅建設が計画され、うち一万七〇〇〇戸が実際に建設・供給されます。それらの賃貸住宅団地第一号は、公団発足九カ月目の五六年四月に入居開始した大阪府堺市の金岡《かなおか》団地(六七五戸)でした。普通分譲団地の第一号は同年五月に入居開始となった千葉市の稲毛《いなげ》団地(二四〇戸)。以降、公団は「団地」と呼ばれることになる耐火構造、鉄筋コンクリート造りの集合住宅を賃貸・分譲用に建設・供給していくことになります。公団が建設した住宅の規模は当時の公営住宅の規模であった一二坪より一坪広い一三坪(約四三平方メートル)から始まり、2DK、3Kが主力でした(つまり住宅の規模も階層別だったのです)。

しかし、この団地に入居できたのは、なお限られた人たちでした。大卒の初任給が一万数千円の時代で、団地の家賃は四〇〇〇~六〇〇〇円。しかも入居資格は月収が家賃の五・五倍以上とあったため、当初は応募者が少なく、東京では東京支所長以下六〇人の職員が主要駅で募集のチラシをまき、あらゆる手立てを求めて入居者を確保したといいます。

こうして団地に入居したのは、次のような人たちでした(日本住宅公団『日本住宅公団一〇年史』一九六五年)。すなわち「昭和三一年当時における世帯主の年齢の中央値は三三歳、学歴は大学高専卒が全体の六五〜七〇パーセントを占めており、職業の区分では、いわゆるホワイトカラーが九〇パーセント以上を占め、家族構成は平均三人程度で、夫婦だけと、夫婦に幼児だけの世帯を合計すると六〇パーセント強になる。これらの人々は公団住宅に居住すると否とを問わず、社会の中堅層であり、比較的高度の文化的生活を欲求し、子女の教育に強い関心を示し、比較的教養の高い、そして比較的生活に余裕のある人に相違ない」。公団住宅は中堅勤労者を対象にしたとはいえ、当時はエリート層がその入居者だったわけです。これは入居資格がきびしかったからにほかなりません。

金岡団地 2DK のダイニングキッチン(写真提供 = UR)

戸数主義と持ち家主義へ

このように公庫、公営、公団の「三本柱」のスタート当時を見ると、まだ戸数主義、持ち家主義は顕著ではありません。空前の住宅難に何とか対処しようとはしているものの、階層別に幅広く網をかぶせた程度に終わっています。その恩恵をこうむったのは一部に限られていたわけです。つまり、ここまでは戦後復興期の住宅政策といえます。

ところが一九六六年に住宅建設計画法が制定されると、住宅政策は戸数と持ち家に脱兎のごとく傾斜することになるのです。日本の高度経済成長をより確かなものにするための経済政策の一環として住宅政策が展開されることになり、戸数主義、持ち家主義が鮮明になってくるのです(ちなみに、日本の高度経済成長は一九五五年の『経済白書』が「もはや戦後ではない」と述べた、その期が開始時とされています)。

戸数が増えることや持ち家が増えることが、人びとの居住の保障と居住水準の向上を進めるものであったのなら、それなりの意味もあると思われます。つまり、だれもが適切な住宅を、適切な価格で、適切な場所に確保しうるという意味においてです。しかし、戸数主義や持ち家主義が、果たして住宅事情をそのように変えるものだったかどうか。

政府は鳩山内閣当時の一九五五年四月に住宅建設一〇カ年計画を策定して以来、何回も住宅建設計画を立ててきました。折から続いている経済成長を住宅投資によってさらに持続させようと、これまで「三本柱」が個別に展開してきた計画と民間による住宅建設を一体化して投資効果を上げるために、恒久法の住宅建設計画法を制定することになったのでした。そのようにこの法律では公的資金による住宅建設だけでなく、民間による住宅建設も含めたすべての住宅建設の計画を立てるのが特徴になっていました。これは民間建設の住宅に関して国は、資金的な援助は行っていないが、金融上、税制上においてさまざまな措置を講じているという認識から発したものだと説明されました。

しかし、実際には、中長期的な計画を通じて官民の投資額を決めておくことによって、経済成長の速度をあらかじめ把握するというところに、その本音があったのはいうまでもありません。住宅建設計画法は第一条(目的)でこう記していました。「この法律は、住宅の建設に関し、総合的な計画を策定することにより、その適切な実施を図り、もって国民生活の安定と社会福祉の増進に寄与することを目的とする」。

この法律により早速、六六年度から七〇年度までの第一期住宅建設五カ年計画がスタートし、以降二〇〇五年度までの第八期計画に至る住宅建設五カ年計画が展開されることになりますが、それらの計画が一貫して追求したのが、この法律の立法主旨に沿って一戸でも多くの住宅を建てることにあったのはいうまでもありません。当初、それは「一世帯一住宅」の実現というキャッチフレーズで展開されることになります。

第一期五カ年計画では、計画期間中の建設必要戸数は六七〇万戸と算出され、うち公営住宅は四四万戸、公団住宅は三五万戸、公庫融資住宅は一〇八万戸、残り五〇〇万戸余を民間自力建設にゆだねるとされました。これは膨大な量で、これを計画通りに進めるには住宅や環境の質にかまっている余裕はありません。公営、公団はいきおい2DK中心の住宅がつぎつぎと建てられることになります。そのため、地域内で公営住宅供給に当たる自治体はともかく、公団の場合は大量の住宅をまとめて供給可能な土地を求めて、年々都心から遠距離の地に大規模団地を造成していかざるをえなくなります。公団住宅に「遠・高・狭」の代名詞がつくことになるのは、こうした事情によります。

後まわしにされる低所得層の住宅政策

一方、計画の七割以上を民間自力による持ち家建設にゆだねることになった結果、全国で不動産業者、工務店など小デベロッパーによる価格競争が起こり、大都市近郊ではミニ開発の建売り住宅が跋扈《ばっこ》することになりました。家賃並みの支払いで持ち家を取得できるとなれば、ミニ開発住宅が増えるのは自然の成り行きだったといっていいでしょう。

これでは公営住宅法をはじめ各住宅法が掲げた理念は、まったく雲散霧消してしまったとしかいいようがありません。公営住宅法の趣旨を解説した建設官僚の気負いはおろか、法の趣旨さえ押しつぶす計画の圧力だったのです。国民の居住を豊かなものにすることよりも、経済成長の確保を優先したわけです。

このように官民挙げて戸数と持ち家を増やすのに懸命になったのを反映して、第一期住宅建設五カ年計画では、公的資金による住宅は計画を一四万戸下回りましたが、うち公団住宅だけは計画を達成、全体では計画を四万戸上回る結果を残すことになります。

その後、経済対策として公庫融資が年々拡大されて持ち家が加速していく一方、バブル崩壊以降、公営住宅、公団住宅の建設戸数は減っていきますが、戸数を減らしながらも、それら公共賃貸住宅の建設・供給は続いてきました。〇七年度末までに公営住宅の建設・供給戸数は二一九万戸、公団（UR）賃貸住宅は八六万戸、分譲住宅三〇万戸、公庫融資住宅は一九五一万戸（融資金額一八六兆五二〇億円）となっています。これをもってしても日本では短い間に、持ち家に大きく比重を置いた住宅政策が展開されてきたかがわかるというものです。

しかし、こうした住宅政策で政策の対象外とされた人たちの住宅確保は今日まで、なおなされないでいます。若年および高齢の単身者、公営住宅入居基準以下の低所得層の人たちがそれに当たります。つまり、社会的弱者に対するセーフティネットとしての住宅政策が欠落していたので、それらの人たちはいったん経済不況の嵐に襲われると、住宅費を捻出できなくなり、路頭に迷うことになってしまうのです。その肝心のセーフティネットがない状況のもとで進められることになるのが、小泉構造改革による住宅政策から公的役割を撤退させ、国民の居住確保を全面的に市場にゆだねることだったのです。

私は、日本の住宅政策において、住宅建設計画法が一つのターニングポイントとすれば、小泉構造改革は二つ目の大きなターニングポイントになったと考えています。

2　構造改革と住宅政策

中曽根改革から小泉改革へ

戦後の住宅政策の「三本柱」にならっていえば、小泉構造改革の住宅政策に関わる「三本柱」は、特殊法人改革、三位一体改革と住宅関連三法の改正、それに住生活基本法の制定ということになります。この三つによって住宅政策から「公」の役割が撤退していくことになり、市場化への道が大きく切り開かれることになるのです。

とはいっても、特殊法人改革は中曽根内閣からの引継ぎ事項のようなものでした。すなわち、中曽根内閣当時の一九八六年、行革審が特殊法人改革について答申を行うのですが、その中で住宅公団を引き継いだ住宅・都市整備公団に関して「住宅不足が量的に充足され、かつ民間の住宅供給力が質的にも充実していることにかんがみ、事業を住宅の新規供給から都市の再開発事業に重点を移す」ことが打ち出されます。これを受けて九五年二月、「特殊法人の整理合理化について」が閣議決定されます。

また住宅金融公庫については、すでに八二年七月の臨時行政調査会の答申において「民間金融との適切な役割分担のもとで事業規模の設定を行う」ことが明示されています。これも前記閣議決定に明記されることになります。小泉構造改革の「原点」はここにあるといっていいでしょう。すなわち小泉構造改革は中曽根内閣が敷いたレールの上を走り出すことになるのです。

この時期と前後して、新聞社、テレビ局などのマスコミまでが住宅展示場を開設して、商機が広がった民間住宅関連事業者の窓口になり、持ち家推進に一役買ったものです。現在も主要街道沿いにそうした展示場が存在しています。

二〇〇一年五月に小泉内閣が誕生します。構造改革を自民党総裁選の公約とし、早速、翌六月に特殊法人等改革基本法が成立しました。同法に基づく特殊法人等改革推進本部の会議が立て続けに開かれ、国の財政支出が大きい道路四公団(日本道路公団、首都高速道路公団、阪神高速道路公団、本州四国連絡橋公団)、都市基盤整備公団(住宅・都市整備公団が改組された組織)、住宅金融公庫、石油公団の七法人について、他の法人に先駆け改革することが示されます。これにより都市基盤整備公団は〇五年度までに、住宅金融公庫は〇一年から五年以内に廃止することが決まります。

この結果、都市基盤整備公団は〇三年六月に廃止され、独立行政法人都市再生機構(UR)となり、〇五年七月には住宅金融公庫も廃止され、独立行政法人住宅金融支援機構になります。

持ち家推進に一役買った住宅展示場

これらの設置目的で、都市再生機構は新規賃貸住宅の建設は行わないこと、既存団地の管理と民間との建替え事業（千里桃山台第二団地の建替えはこれによる）や、民間の再開発事業の支援業務に特化した事業を行うことが示されました。住宅金融支援機構は一般金融機関による住宅資金の貸付を支援する業務に特化するとされました。二つの組織はともに市場の中で民間事業を支援する独立行政法人に衣更えされたわけです。

これにより都市再生機構は中堅勤労者を対象にした賃貸住宅建設から撤退することになり、住宅金融支援機構は一般金融機関の住宅融資を保証する業務に特化することになりました。たとえば、返済総額が融資額の二倍になる金融機関の融資を「フラット35」といった名で宣伝・支援するようなものへと変質していったのです。つまり戦後の住宅政策の「三本柱」の二つが崩壊したわけです。大きなターニングポイントと見る理由がここにあります。

では、戦後の住宅政策の「三本柱」のもう一つ、公営住宅のほうはどうなったのでしょうか。

戦後の住宅政策の終焉——住宅関連三法の成立

二〇〇五年六月、住宅関連三法といわれる法律(改正を含む)が成立して、ここに戦後の住宅政策はついに終焉することになります。終焉することによって、よい方向に向かうのならばともかく、それは逆方向に加速していくための法体系の整備でした。

住宅関連三法とは、「地域における多様な需要に応じた公的賃貸住宅等の整備等に関する特別措置法」(公的賃貸住宅特措法)、「公的資金による住宅及び宅地の供給体制の整備のための公営住宅法等の一部を改正する法律」(公営住宅法の一部改正)、「独立行政法人住宅金融支援機構法」(住宅金融機構法)を指します。これらの法律に共通している目的は、国、自治体の公的住宅政策からの撤退ということであり、それに代わり国民の居住改善は、それぞれの自助努力と市場によりゆだねるということにほかなりません。

このうち三位一体改革との関連で出てきたのが公的賃貸住宅特措法です。この法律の趣旨は、国土交通省の説明文書によれば「社会経済情勢の変化に伴い、地域における住宅に対する多様な需要に的確に対応するため、国土交通大臣による基本方針の策定、地域住宅計画に基づく公的賃貸住宅等の整備等に関する事業又は事務に充てるための交付金制度の創設等所要の措置を講ず」とあります。この説明の後段にある「交付金制度の創設」(法律では「地域住宅交付金」)が新法の眼目でした。

つまり、この交付金制度は小泉内閣の三位一体改革による国の補助金の削減と税源移譲に伴って、公営住宅建設に関わる補助金が廃止されるため、その代替措置として創設されたもので、〇五年度予算として五八〇億円が措置されたのは前述している通りです（二四頁参照）。

同法による「地域住宅」とは、「地方公共団体の自主性を尊重しつつ」「国土交通大臣が策定する基本方針」（第一条）により「公的資金住宅（地方公共団体が整備する住宅、都市再生機構、地方住宅供給公社の賃貸住宅、特定優良賃貸住宅、高齢者向け優良賃貸住宅等）」（第二条）を指すとしています。この地域住宅の中には「公営住宅」の名称がすっかり抜けています。後述する住生活基本法では「公営住宅」の名は出てきますが、少なくともこの法律には出ていません。公営住宅の名称は補助金が切れたことにより、この特措法では住宅政策から消える運命となったわけです。しかも新たな交付金の額は従来の補助金の一〇分の一でしかないとしたら、自治体が地域住宅という名の公営住宅建設に意欲を抱くはずがありません。

公営住宅法などの一部改正の中身は、公営住宅法、住宅金融公庫法、都市再生機構法、地方住宅供給公社法、公営住宅法の一部を改正する法律（一九九六年）という五つの法律を、それぞれ一部改正するというややこしいものです。

公営住宅法の一部改正は、県営住宅の管理などを市などに移管できる「公営住宅の管理主体の拡大」(第四七条)であり、後段の同法一部改正は公営住宅建設の家賃収入補助(建設に関わる用地費の金利負担分の補助金、その分は税源移譲によることにする)を廃止するというものです。地方住宅供給公社法の一部改正は、公社の自主的な解散規定を付け加えたものです。これらは公営、公社住宅の管理を民間にゆだねる道を開いたものといっていいでしょう。住宅金融公庫法と都市再生機構法の一部改正は財政投融資資金を繰上げ償還させ、二つの組織を身軽にさせて改革の「アリバイづくり」をするためのものといえますが、ここでは詳しく触れません。

こうして見ればわかる通り、住宅関連三法の改正とは政府財政の負担を軽くし、また財投資金から住宅関係特殊法人に入れていた資金を急ぎ回収するために、住宅政策の市場化をさらに促進し、国、自治体ともに住宅政策から撤退するのを法制度的に裏づけるためのものにほかなりません。まさに中曽根民活路線の延長線上にあるわけで、その総仕上げといえるのが住生活基本法の制定でした。

居住権が明記されない住生活基本法

住生活基本法が制定・施行されたのは〇六年六月のことです。住宅政策の理念と基本的事項を定める「住宅基本法」については長い間、その制定が待たれていました。一九六九年の第六一国会で公明党から提案されたのを皮切りに、九三年の第一二六国会まで、同党や社会党、民社党（いずれも当時）により計一〇回国会に提案されましたが、いずれも審議未了に終わっていました。建設省（当時）も同法案の検討を二度にわたって行っていますが、いずれも日の目を見ないできた経緯があります。それが住宅建設計画法を廃止し（同法による五ヵ年計画は二〇〇五年度までの第八期計画で終わりとなります）、それに代わる法律として、ここにきて住生活基本法の名で制定されることになったのです。

この基本法には一般的に二つの意味があると考えられます。一つは、憲法に記されている国民の基本的人権を保障するプログラムを明示することで、条文でこれを保障する宣言を行うことは基本法の役割の一つといえます。二つ目は、国家が特定の行政分野における基本政策あるいは基本方針のプログラムを宣明することでしょう。ここにおける基本政策あるいは基本方針は関連個別法を拘束することになりますから、住生活基本法はさまざまな住宅個別法を支配する重要な法律ということになります。

しかし、長い間待たれてきた「住宅基本法」がなぜ住生活基本法となったのでしょうか。これについて国土交通省は「省内検討では「住宅基本法」を仮称として用いていたが、内閣法制局の審査の中で「住生活基本法」の題名に修正された」と説明しています（国土交通省住宅局住宅政策課監修、住宅法令研究会編集『逐条解説住生活基本法』ぎょうせい、二〇〇六年）。その修正の理由は、この法律による政策対象は住宅単体のみならず居住環境をも含んでおり、施策の推進に当たっては住宅関連事業者のほか福祉・医療サービス業者など住生活関係者との連携が欠かせないことなどによるとのことです。実は、ここに住生活基本法の本質があるといえます。つまり、この基本法のキーワードは「事業者」「関係者」にあるということです。同法第一条(目的)は次のようになっています。

「この法律は、住生活の安定の確保及び向上の促進に関する施策について、基本理念を定め、並びに国及び地方公共団体並びに住宅関連事業者の責務を明らかにするとともに、基本理念の実現を図るための基本的施策、住生活基本計画その他の基本となる事項を定めることにより、住生活の安定の確保及び向上の促進に関する施策を総合的かつ計画的に推進し、もって国民生活の安定向上と社会福祉の増進を図るとともに、国民経済の健全な発展の寄与することを目的とする」

ここで重要なのは、右の目的において触れられている「基本理念」であるのはいうまでもありません。かつて各党が提案し、住宅運動団体などが制定を求めていた住宅基本法の核心は、その理念として、国民には生存権としての居住権があり、国にはそれを保障する責務があることを明示することにあったからです。しかし、この基本法においてそれはどこにも記されていません。国民の居住権に関しては、それに近いニュアンスの文言が第六条において「住生活の安定の確保及び向上の促進に関する施策の推進は、住宅が国民の健康で文化的な生活にとって不可欠な基盤であることにかんがみ、低所得者、被災者、高齢者、子どもを育成する家庭その他住宅の確保に特に配慮を要する者の居住の安定の確保が図られることを旨として、行わなければならない」とあるだけです。

国土交通省の法案説明文書によると、この法律に居住権が明記されなかったのは、〇五年に出された社会資本整備審議会（住宅宅地分科会、会長は八田達夫国際基督教大学教授＝当時）の答申が、居住権は包括的権利として基本法制に定めることについての国民的コンセンサスがあるとはいえない、としているためということです。さらにこの第六条は、前述したハビタットⅡにおけるイスタンブール宣言の趣旨にも合致していると説明しています。

この不可解な説明は、国民の居住権に関わる国の認識が公営住宅法制定時より大きく後退したことを意味します。居住権を政策的に実現できる社会経済の水準と条件が熟しつつあるにもかかわらず、政策的努力から逃れようとしていることを物語る以外の何ものでもない。

民間市場拡大のための法制度

実は、この住生活基本法制定前の〇三年六月に日本経団連が「「住みやすさ」で世界に誇れる国づくり——住宅政策への提言」を発表しています。この提言は、民間主導により「狭い住宅」から「ゆとりある住宅」へ、あるいは「寿命の短い住宅」から「多世代にわたって大事に住まう住宅」へ、これを「ライフステージに応じた循環型の住宅市場の構築」によって実現することこそ待たれていると主張し、そのために「住宅のみならず住環境も含めた整備目標や、国、地方公共団体、民間等のそれぞれの役割を示した「住宅・街づくり基本法」の制定を提案する」としています。これは小泉構造改革によって住宅政策をさらなる市場化へ向けて再検討しなければならなかった政府を後押しする、きわめてタイミングのいい提言でした。

したがって住生活基本法が国民の居住権より、まず「住宅市場の構築」に傾斜した法になるのは避けられなかったといえます。この法律は全四章、二二条からなっていますが、右に示した第一条からして経団連の提言に沿ったものになっているのが特徴的です。以下の条文にそれはあからさまに出ています。たとえば、第五条に「民間事業者の能力の活用」とあります。国土交通省の説明文書によれば、国民の住宅需要は多様化・高度化していて、良質の住宅のストック形成を図るには住宅市場の役割、民間事業者を活用することが重要である、そのためにここに民間事業者の能力の活用、民間市場を重視すべきとの認識を明らかにしたとのこと。これはつまり、小泉構造改革の方向と経団連の主張をそのまま反映したものではないでしょうか。

さらに第一二条では「居住環境の維持及び向上」について触れられていますが、居住環境は、国や自治体の施策のみでは形成されるものではないことは明らかで、再開発を見ればわかるように関連事業者による事業が不可欠です。現に国土交通省は、この条項はまちづくり施策と連動されるべきものであると説明しています。とすれば、ここにおいても事業者の事業の場が確保されるのが約束されていることになります。つまり民間市場の拡大が図られるわけで、経団連が提案した「住宅・街づくり基本法」の影響の大きさをあらためて理解することになるのです。

これを本来あるべき「住宅基本法」といえるかどうか。これは基本法の名を借りた「住宅市場拡大法」ともいうべき法律としかいいようがありません。住宅関連三法の改正で住宅政策から「公」の撤退が明確にされたのに続き、住生活其本法は住宅政策の市場化を宣言したものだったのです。

3　セーフティネットなき住宅政策

奪われた住宅のセーフティネット

住宅政策において、低所得層や若年単身者、高齢世帯などの自力では居住を確保したり、居住水準の改善を図れない人たちを対象とした施策は、まず公営住宅の供給となるはずです。それが、前述したように、公的賃貸住宅特措法では「地域住宅」とされており、「地方公共団体が整備する住宅」と定義されています。しかし、ここではこの法律によるものでなく、現に一般的に使われている公営住宅の名で記述することにしたいと思います。

その公営住宅のストックが二一九万戸あるのも前述していますが(一一三頁参照)、国土交通省はこれが「真に居住の安定が必要な人のセーフティネット」(国土交通省住宅局住宅政策課監修、住宅法令研究会編集『日本の住宅事情と住生活基本法』ぎょうせい、二〇〇六年)であるとしています。ところが公営住宅の応募倍率を見ると、〇四年度の場合、大都市を中心に平均一〇倍以上、倍率がもっとも高いのは東京の二八・五倍、ついで埼玉、千葉の一四・七倍、神奈川の一四・三倍、大阪の一三・二倍となっています(表4－1)。入居できない人たちのほうが圧倒的に多いのです。では、それらの人たちをどう救済するのか。国土交通省の説明では、定期借家制度を活用する(すなわち、期限がきたら退去してもらうということ)、入居承継を配偶者など最小限に限定する、収入超過者に対し近傍民間同種家賃を適用することなどによって、入居者の回転を早くして対応するとしています。仮にその効果があったとしても、その数はたかが知れています。これが「真に居住の安定が必要な人のセーフティネット」といえるかどうか。たぶん国土交通省の説明に納得する人はいないでしょう。

この公営住宅の場合と同様に、住宅法制度では、さまざまな手段を凝らしてセーフティネットを張りめぐらせているようにも一見、見えます。ところが、それが実効あるものかどうか点検すると、公営住宅の場合と同じく、まったく信頼に足るものではないのです。

表 **4-1**　公営住宅の応募状況(新築＋空家 2004 年度)

	募集戸数	募集者数	倍率		募集戸数	募集者数	倍率
北海道	9,285	77,851	8.4	滋賀県	505	2,591	5.1
青森県	1,254	5,285	4.2	京都府	1,455	16,163	11.1
岩手県	959	4,718	4.9	大阪府	9,619	127,367	13.2
宮城県	1,592	18,867	11.9	兵庫県	5,107	46,052	9.0
秋田県	1,028	4,689	4.6	奈良県	473	3,641	7.7
山形県	625	3,913	6.3	和歌山県	523	4,208	8.0
福島県	2,065	10,345	5.0	鳥取県	551	4,922	8.9
茨城県	2,383	3,932	1.7	島根県	863	3,905	4.5
栃木県	1,300	7,238	5.6	岡山県	1,008	5,525	5.5
群馬県	2,376	5,291	2.2	広島県	2,128	17,353	8.2
埼玉県	2,314	33,951	14.7	山口県	1,715	14,957	8.7
千葉県	1,771	25,961	14.7	徳島県	581	3,857	6.6
東京都	8,600	244,806	28.5	香川県	564	2,769	4.9
神奈川県	5,042	72,139	14.3	愛媛県	1,127	3,983	3.5
新潟県	1,113	4,168	3.7	高知県	669	3,743	5.6
富山県	1,064	2,135	2.0	福岡県	4,783	54,633	11.4
石川県	805	3,458	4.3	佐賀県	688	3,543	5.1
福井県	555	1,324	2.4	長崎県	1,748	12,410	7.1
山梨県	1,144	1,573	1.4	熊本県	1,525	11,996	7.9
長野県	2,028	6,950	3.4	大分県	1,108	6,496	5.9
岐阜県	1,047	2,269	2.2	宮崎県	1,602	6,011	3.8
静岡県	3,078	11,680	3.8	鹿児島県	2,753	12,110	4.4
愛知県	7,179	52,927	7.4	沖縄県	1,261	8,674	6.9
三重県	931	4,636	5.0	全国計	101,894	987,015	9.7

注：募集戸数とは当該年度中に新規または空き家募集を行った戸数．常時募集戸数は１戸とし，期間を区切って数回の募集をしているものは，そのつど１戸と数える．また，当該年度中に同じ住戸において数回の募集をしているものについても，そのつど１戸と数える．
出典：国土交通省資料

住生活基本法でセーフティネットに関わると見られる条項は第九条（関係者相互の連携及び協力）と第一四条（居住の安定の確保のために必要な住宅の供給の促進等）です。

第九条には「国、地方公共団体、公営住宅の供給等を行う者、住宅関連事業者、居住者、地域において保健医療サービス又は福祉サービスを提供する者その他の関係者は、基本理念にのっとり、現在及び将来の国民の住生活の安定の確保及び向上の促進のため、相互に連携を図りながら協力するよう努めなければならない」とあり、第一四条には「国及び地方公共団体は、国民の居住の安定の確保が図られるよう、公営住宅及び災害を受けた地域の復興のために必要な住宅の供給等、高齢者向けの賃貸住宅及び子どもを育成する家庭向けの賃貸住宅の供給の促進その他必要な施策を講ずるものとする」とあります。

ここでは福祉、医療サービスなどと連携して社会的弱者のための賃貸住宅供給に努めるとありますが、具体的に何をどのように行うのかが曖昧です。国土交通省は説明文書で、これまでの事例として次のように述べています。

すなわち、高齢者住宅財団において、高齢者・障がい者に対する家賃債務保証や高齢者円滑入居賃貸住宅登録情報・閲覧などのサービスをしてきている。また外国人の円滑な入居についても財団法人日本賃貸住宅管理協会においてガイドラインや賃貸住宅標準契約書の外国語翻訳を作成、公営住宅の目的外使用承認事務の簡素化などを行っている。さらに、二〇〇六年度には「あんしん賃貸支援事業」をはじめ、高齢者、障がい者、外国人などの住宅弱者の入居を受け入れる民間賃貸住宅の登録制度を整備している。このように述べていますが、これが果たしてセーフティネットといえるかどうか。いま現在、住む場がなく、路頭に迷う人たちを救済できるものなのかどうか。おそらく否と判断する人が多いのではないでしょうか。

現実無視の政策

こうした「役所仕事」の極めつけが、前述している住宅セーフティネット法とホームレス自立支援法です。

この二つの法律とも、その制定主旨はまちがっていません。たとえば、住宅セーフティネット法は第一条（目的）に「低額所得者、被災者、高齢者、障害者、子どもを育成する家庭その他住宅の確保に特に配慮を要する者に対する賃貸住宅の供給の促進に関し、基本方針の策定その他の住宅確保要配慮者に対する賃貸住宅の供給の促進に関する施策の基本となる事項等を定めることにより、住宅確保要配慮者に対する賃貸住宅の供給の促進を図り、もって国民生活の安定向上と社会福祉の増進に寄与することを目的とする」とあります。

具体的にそのセーフティネットはどういうものなのか。それは第五条（公的賃貸住宅の供給の促進）に「①国及び地方公共団体は、所得の状況、心身の状況、世帯構成その他の住宅確保要配慮者の住宅の確保について配慮を必要とする事情を勘案し、既存の公的賃貸住宅の有効活用を図りつつ、公的賃貸住宅の適切な供給の促進に関し必要な施策を講ずるよう努めなければならない、②公的賃貸住宅の管理者は、公的賃貸住宅の入居者の選考に当たり、住宅確保要配慮者の居住の安定に配慮するよう努めなければならない」とあります。

ここでいう公的賃貸住宅とは公営住宅のことを指していますが、公営住宅がどういう状態にあるのか、すでに述べた通りです。すなわち、セーフティネットにはなっていないのです。

セーフティネットなき人たちが利用するネットカフェ（東京・新宿）

ホームレス法では第三条（ホームレスの自立の支援等に関する施策の目標）で「自立の意思があるホームレスに対し、安定した雇用の場の確保、職業能力の開発等による就業の機会の確保、住宅への入居の支援等による安定した居住の場所の確保並びに健康診断、医療の提供等による保健及び医療の確保に関する施策並びに生活に関する相談及び指導を実施することにより、これらの者を自立させる」とあって、第八条（基本方針及び実施計画）の中で

「安定した居住の場所の確保」について基本方針と実施計画をつくるとあります。第一〇条(財政上の措置)では、その事業のために国は地方公共団体と民間団体に財政上の措置を講じるとあります。

この財政上の措置は行われている部分もありますが、実際にホームレスのために「安定した居住の場所の確保」が行われているかとなると、はなはだ心もとないというのが実態です。これで果たして、社会的弱者に居住のセーフティネットが張られているといえるでしょうか。

現実はさらにきびしさを増しています。〇八年末に派遣切りや雇い止めで失職して、やむなく公営住宅などの公的賃貸住宅に入居している人たちが六カ月の入居期限が切れ、多くが退去せざるをえなくなっているといいます。公的賃貸住宅を提供している全国四一一自治体のうち八二自治体で期限の更新を認めないか、未定としているためだというのです(『朝日新聞』二〇〇九年六月九日付)。これに関連して、神奈川、茨城の両県は期間の若干の延長を検討したと伝えられましたが(『毎日新聞』同六月一〇日付)、これも「検討」だけで終わりました。これが日本の現実なのです。あらためて住宅法制度の条文を読むと、むなしくなるばかりです。

4　住宅政策の外側で

日本の住宅産業

住宅建設計画法による住宅建設五カ年計画には、公庫融資住宅のほかに特定賃貸住宅など一部公的助成を受けて供給されている民間住宅が含まれていました。公的資金が一部入っているとはいえ、これらの住宅の供給主体はいうまでもなく民間資本です。それらは同計画にカウントされていたわけですから、いちおう住宅政策の影響下にあったといっていいでしょう。しかし、そのほかに住宅市場には、同計画には含まれていない個人資金のみか、公庫の枠外の民間金融機関を利用する(公庫融資併用の場合も一部ありますが)民間資本供給の住宅があります。その多くは住宅産業、デベロッパーが供給している住宅で、これらはいわば住宅政策の外側に存在する住宅といえるでしょう。

その住宅産業はいまや日本経済において大きなウェイトを占めるまでに至っており(なかには年間販売額が数兆円規模のデベロッパーもあります)、無視できない存在です。では、住宅産業は、どのような過程を経て今日の地位を得たのでしょうか。あらためて、その企業行動を見ると、住宅政策と隣り合う都市政策などの変化、たとえば規制緩和などをたくみに利用した住宅供給を通じて、その市場と企業規模を拡大していった、したたかさを感じざるをえません。こうした住宅政策の外側における住宅供給についても、その経過を振り返っておきたいと思います。

私鉄による住宅事業の開始

戦前の日本では、近代化の過程で社会政策としての公営住宅が細々と供給されていたとはいえ、公的機関が住宅を大量に建設し、住宅難にあっている人たちに直接供給する考えはありませんでした。また、当然そうした法制度もなかったのです。これらの人たちを対象にした零細な貸家業は存在しました。しかし、人口の大都市集中で膨張に膨張を重ねる住宅需要に零細な貸家供給が追いつけるわけがなく、東京、大阪では深刻な住宅難に陥っていました。

そうした背景のもとで、中所得層を対象にした郊外地での住宅供給が、私鉄資本によって始まります。これが、民間資本の事業として住宅供給が始まった最初の例といっていいでしょう。しかし、この戦前の時点ではまだ「産業」にまでは至っていません。あくまで企業の本業を補う事業にすぎませんでした。

私鉄による住宅事業の第一号は、阪神電鉄が一九〇九年に西宮《にしのみや》駅前に建設した木造長屋の賃貸住宅三〇戸。翌一〇年には、箕面有馬《みのおありま》電気軌道（現阪急電鉄）が大阪府池田室町で、翌一一年には、福博電気軌道（現西日本鉄道）が福岡市西新《にしじん》（当時）などで賃貸住宅経営に乗り出します。いずれも電車の利用客を増やすための事業でした。阪神電鉄は「市外居住のすすめ」という、いまの不動産チラシと変わりない小冊子を配布し、次のように宣伝していたものです。

「阪神電鉄の沿線は交通の利便、需要品の潤沢其の他凡ての機関が完備していて、衛生上の見地よりするも一の欠点なく、常住地として最も適当な場所かと思われます。（中略）都市の人士が速やかに市外居住を決行して、一身の健康と一家の平和を保ち、人生の幸福を受け、事を処するに一層の勇気と愉快とを以て国家に貢献せらるるところあらんことを」

この私鉄資本による住宅事業がより大規模に進められるのが、その後の阪急電鉄の小林一三が行った阪急沿線の豊中《とよなか》、岡本、千里山《せんりやま》、宝塚など、いずれも数百ヘクタールにおよぶ分譲宅地と分譲住宅の開発でした。私鉄資本による住宅地開発の西の横綱をこの小林と阪急によるものとすれば、東の横綱は五島慶太の田園都市株式会社＝東京急行電鉄と、堤康次郎の箱根土地株式会社＝西武鉄道グループによるものといっていいでしょう。もっとも五島のというのは厳密には正しくありません。それは渋沢栄一が始め、五島が引き継ぎ、仕上げた事業といったほうがより正確です。

田園調布の開発

田園都市株式会社の住宅地開発の中でもっとも有名で、しかもいまも当時の面影を残しているのが東京都大田区の田園調布です。東京都内ではまれに見る良好な住環境を今日でも保全しています。渋谷から東横線に乗り十数分で行くことができます。この田園調布が開発されたのは関東大震災以後のことですが、この開発は英国でE・ハワードが始めた田園都市運動に影響を受けて進められた経緯があります。

日本で、このハワードの田園都市が初めて紹介されたのは一九〇七年のことで、内務省地方局有志による報告書『田園都市』(復刻版が一九八〇年、『田園都市と日本人』として講談社学術文庫から刊行)によってでした。英国で理想の住宅都市がつくられていると伝え聞き、内務省はその調査のために一九〇三年と一九〇八年の二回にわたり、府県課長の井上友一をはじめとする生江孝之、留岡幸助らを英国に派遣します。英国で最初の田園都市レッチワースが開発されたのが一九〇三年ですから、内務省がいかにこの田園都市に関心を抱き、スピード感を持って、その調査にあたろうとしたかが理解できます。

かれらは帰国後、報告書をまとめます。その中で田園都市の開発により、ロンドンの労働者の住宅と労働事情がいかに改善されたかを述べたあと、「いまや泰西《たいせい》の諸邦は、いずれも最善の都市、最善の農村を造るをば、一国の誇りとなし、競うて力をこれが改善と斎善とに致さざるなし。列国今日の大勢や、すでにかくのごとし」といい、日本もこの大勢に乗り遅れるなと論じていたのでした。

これを見た渋沢栄一が息子の秀雄に欧米の田園都市の視察に赴かせます。この秀雄の報告をもとに建築家の矢部金太郎が図面を引き、東京や横浜で震災にあった富裕層を対象にした住宅地を東急・東横線沿線に五島とともに開発しました。これが田園調布となるわけです。

それは駅前のロータリーから放射状に延びる道路に環状に交差する広い道路を挟んで、一戸当たり敷地約一〇〇〇平方メートル前後の住宅が立ち並ぶ高級住宅地で、開発地は全部で約八〇ヘクタール、関東大震災後の一九二三年から三五年にかけて分譲されました。分譲にあたっては会社がつくった建築規則、いまの建築協定にあたるルールを守り、土地の分割や建物の増改築を行わないことが約束させられます。これが今日においても良好な住環境を維持している理由になっています。しかし、この田園調布の住宅地は富裕層が対象で、労働者を対象とした英国の田園都市とは似て非なるものでした。

田園調布の街並み．駅を中心として放射状に住宅地が広がる(写真提供＝毎日新聞社)

堤康次郎と箱根土地による東京・国立や目白の住宅地も同様の建築規則による開発を行ったことで知られています(これらの経験が戦後の私鉄沿線における大規模住宅地開発のノウハウを蓄積させることになります)。しかし、戦前の民間資本による比較的規模の大きい住宅地開発もこれまでで、私鉄各社は戦争で住宅事業どころではなくなります。もちろん、内務省地方局有志の提言が国の政策となることもありませんでした。

割賦住宅会社の発足

これらを振り返ると、田園調布などの住宅事業は内務省の動きに刺激を受けたものの、国の住宅・都市政策(というには貧弱なものでしたが)と関係なく、電車の乗客を増やすために、もっぱら富裕層を対象にした住宅地や住宅の供給だったことがわかります。つまり副業としての住宅事業だったのです。ところが戦後の住宅難の中で、住宅供給事業は、住宅難の中堅所得層と、その上の富裕層までを対象とした住宅「産業」として成立することになっていきます。

戦後の住宅政策が公営住宅、公庫融資、公団住宅の三本柱から成っていたのになぞっていえば、日本の住宅産業は、割賦《かっぷ》住宅、プレハブ、マンションの三つの形態の業界により展開されたといっていいでしょう。いずれも国民の自力による住宅難解決を期待した国の思惑を反映して起業されたもので、そのうち最初に登場したのが割賦住宅でした。

割賦住宅会社は「積み立て式月払い建築会社」で、一九五〇年に太平、殖産、日本電建の三社が創立され、この三社が当時、割賦住宅のご三家と呼ばれます。うち日本電建は田中角栄がある時期、役員に名を連ねていたことで知られています。

この年は政府融資による住宅金融公庫の発足とまったく軌を一にしています。公庫の制度が住宅の建設時に一定額の建設資金を融資する仕組みなのに対して、割賦住宅のほうは、満期までの三分の一の期間に三分の一の掛け金を掛け終わった時点で、その額の三倍相当の住宅を建て、残りの三分の二の期間に会社の利益込みの掛け金を継続して払い込む仕組みとしていました。公庫融資を受けられなかった人たちを相手に、公庫に対抗するかたちで営業し、全国の都市のあちこちで、このご三家のロゴマークを掲げて新築中の住宅が見受けられたものです。

この割賦会社ご三家は、公庫融資が拡大に拡大を重ねていった八〇年代後半には立ち行かなくなりますが、五〇年代後半から六〇年代にかけては、年間一〇万戸以上の住宅を建てていました。一口に一〇万戸といっても、その数は当時の公営住宅、あるいは公団住宅の年間建設戸数を上回るものでした。それは一つの時代を画した住宅供給だったといっていいでしょう。団塊の世代の両親たちには、この割賦住宅の利用者が多いはずです。

プレハブ住宅の発展

住宅産業としてのプレハブメーカーが登場するのも、一九五〇年代から六〇年代にかけてです。たとえば、もっとも古い積水化学は四七年設立ですが、ナショナル住宅産業(当時の社名)が五〇年、ミサワホームが五一年、大和ハウスが五五年、積水ハウスが六〇年といった具合です。そして八七年には日経・住宅供給ランキング一三〇社の上位五位までを、これらプレハブメーカーが占めるまでに成長することになります。これは国の産業政策としてのプレハブメーカー育成策によるところが大きかったのです。

プレハブ住宅は当初、組み立て住宅と呼ばれていました。価格は安いが粗悪で、物置などに使われることが多かったのです。ところが、東京オリンピック直前の六三年、住宅建築の需要に対応する名目で、建設省が省内に「建築生産近代化促進協議会」を設けてプレハブ住宅促進を打ち出し、「住宅建設工業化の基本構想」をまとめました。それ以降、プレハブ住宅が一挙に拡大することになります。

さらに七一年、建設省と通産省が八〇(昭和五五)年までに一戸建てプレハブ住宅を、七五年当時の約半分の価格(床面積一〇〇平方メートルで五〇〇万円台)で供給しようという「ハウス55」なるプロジェクトをスタートさせます。それによって、供給拡大に一層拍車がかかることになり、従来工法による住宅供給を超えることになったのです。つまり、国の後押しがあって、プレハブ住宅の需要が増え、メーカーはその基盤を確かなものにしていったのです。

しかし、プレハブ住宅は戸建てが中心でしたから、都市空間を著しく改変するまでには至りませんでした。その都市空間が一変するのはマンションという集合住宅供給が住宅産業の主力となるに至ってからのことです。

大型分譲集合住宅の建築ラッシュ

戦後の東京で分譲集合住宅が初めて登場したのは一九五六年のことです。日本信販の子会社であった信販コーポラスが新宿区四谷に建てた四谷コーポラスが最初です。この集合住宅は高級志向で、当時としては珍しいセントラルヒーティングを備えており、五〇〇万〜八〇〇万円台で分譲されました。同年には東急代官山アパートが賃貸集合住宅として誕生しています。

こうした富裕層を対象としたものが大衆化するのは、秀和が六〇年に青山レジデンスという集合住宅を売り出してからだといわれています。これらはいずれも都心につくられましたが、六〇年代末になると、郊外に大型の団地まで現われることになります。田んぼの中に公団や公社の団地と同様の街が出現したわけです。

ただし、このあたりまでは民間集合住宅の開発によって、周辺住民が異議を唱えるほどに空間が改変されてしまうことはなかったように思われます。また住宅産業も今日ほど巨大化していませんでした。それが一変するのは中曽根内閣によって、民間による都市再開発が進められて以来のことではないかと思われます。

中曽根内閣による民間資本への支援策は、都市・建築規制の緩和と国公有地の払い下げの二つを中心に進められました。うち規制緩和は、八三年四月に経済対策閣僚会議で「今後の経済対策について――規制の緩和策による民間投資の推進策」が決定されたのを受けて、一気に走りだします。政府に民間活力検討委員会が設けられ、その報告に基づき、建設省がまとめた「規制緩和等による都市開発の促進方策」は、それまでの都市計画法や建築基準法が行ってきた規制策を大幅に緩和して、民間資本が都市開発に参入しやすくしようとするもので、きわめて多岐にわたるものでした。

それはたとえば、都市計画を見直し、大都市中心部の住宅地を中高層住宅に代える、特定街区での容積率の割り増しを行い、複数街区では未利用容積の移転を可能にする、住宅を用途とした建築物に大幅な容積率の割り増しを認める市街地住宅総合制度を積極的に活用する、などといった内容でした。これにより民間資本は市街地に大型集合住宅を開発しやすくなったのです。東京では、隅田川の景観を一変させた超高層の集合住宅が出現することになり、それに続き各所でいわゆるタワーマンションと称される巨大集合住宅の建築ラッシュが起こります。そして住民との間でさまざまな紛争を起こすことにもなったのです。こうした施策が「中曽根アーバンルネッサンス」といわれたのは前述している通りです。

住宅産業の繁栄、住宅政策の貧困

国公有地の払い下げについては、中曽根首相の指示で政府に国公有地等有効活用推進本部が設けられ、まず人口一〇万人以上の都市にある国有地一六三件(六五ヘクタール)などを払い下げることが決定されます。これを受けて大蔵省理財局長の私的諮問機関、公務員宿舎問題研究会(座長は川上秀光東京大学教授=当時)が、わずか一カ月の検討で、そのモデル第一号として東京都新宿区の西戸山団地(三〇ヘクタール)の払い下げを決めたのを皮切りに、各地で旧国鉄用地を含め、国公有地の払い下げが行われることとなります。

この西戸山団地の払い下げを一九八三年、随意契約で受けたのは、三菱地所を発起人総代とする出資者募集に応じた不動産業五六社により設立された西戸山開発会社です。この会社の中心になったのは中曽根首相に個人献金をしていた人物でした。同社はそれまで中層四〇〇戸の団地を中高層六七〇戸の集合住宅団地に再開発しました。

競争入札による国有地払い下げの第一号は東京・紀尾井《きおい》町の旧司法研修所跡地で、八五年に大京観光(日本に「マンション」の名を定着させた)が公示地価の三倍近い高値で落札し、超高層ビルを建てます。この公示地価を無視した落札が引き金となって、全国で地価が急騰することになり、バブルを形成することになるのは知られる通りです。

大規模な公有地の払い下げでは、東京都世田谷区と目黒区にまたがる旧都立大学跡地が二〇〇一年に長谷工コーポレーションなどのデベロッパー一〇社に払い下げられ、住民とのトラブルの末、現在巨大集合住宅団地と化しているのが知られています(この再開発については五十嵐敬喜・小川明雄『建築紛争』岩波新書、二〇〇六年に詳しい)。そのトラブルの最大の論点は、法スレスレの設計により出現する巨大集合住宅団地が近隣の都市空間を損なうというところにありました。

いずれにしても、この中曽根民活はそれまでの都市における生活空間を経済空間に変え、これをきっかけに大手住宅産業とデベロッパーがますます巨大化していくことになります。

こうした直接、住宅政策によらない、むしろ産業政策として進められた住宅供給が中高所得層の住宅取得・改善に果たした役割は無視できないところですが、だとしたら住宅政策は、そうした住宅供給に応じられない低所得層を対象とした施策をより重点的に進めるべき公的責任があったはずです。その公的責任が縮小するばかりなので、逆に住宅産業による住宅供給が隆盛の一途をたどり、低所得層まで無理をして住宅取得するケースが増えるのです。その結果、ローン地獄や破産状態に追いこまれる人たちが増え、また居住貧困、居住格差が拡大し、さらには街自体が壊れていっているのは、どう見てもいびつとしかいいようがありません。

これは、戦後日本の住宅政策が本来機能すべきところに機能してこなかったことを示す以外の何ものでもありません。住宅産業やデベロッパーの繁栄は、住宅政策の怠慢と貧困の逆照射といえます。その明暗がいつから、どんな経過を経て進行し、何をもたらしたかを私たちは記憶しておくべきです。それはまた、近年の日本社会の変化とも無縁ではないはずだからです。

第五章　諸外国に見る住宅政策

ソウル市内で進む国民賃貸住宅団地の建設

日本の住宅事情と諸外国のそれを比較するのはなかなか難しいところがあります。数値だけでは理解しにくいところがあるからにほかなりません。また住生活の歴史、習慣なども違います。しかし、どういう住宅法制度のもとで、どういう住宅政策が展開されているかを見て、日本の場合と比較検討して、教訓を得ることは可能です。

たとえば、私はたびたび韓国を訪ねていますが、韓国ではおそらく、富裕層と低所得層間に広がる居住格差は日本より大きいと思われます。ところが、韓国で近年制定された住宅法は、国民の居住権をはっきり認め、その後、この住宅法に基づく住宅政策を着々と実施しようとしており、注目に値します。

私が初めて韓国を訪れたのはソウルオリンピック開催から二年後の一九九〇年のことで、オリンピックのために進められた都市改造により地価が暴騰、それに伴い住宅価格も高騰し、国民が悲鳴をあげている最中でした。地価暴騰を阻止せよという市民運動も起きました。これを受けて政府は、これでは階層間格差が拡大するばかりだと、土地所有権を制限する理念を明示した「土地公概念」を発表します。そして、これに基づく税制改革を行い、地価を沈静化させたのです。私はそれを勉強するために韓国を訪れたのですが、このときに比べて近年、居住格差は縮小してきてはいます。しかし、その格差はなお現存しており、日本ではすでに見られないような居住の実態もあります。

この格差を解消しなければと、二〇〇三年五月に制定されたのが住宅法で、日本の住生活基本法に比べて、すぐれた人権感覚がうかがえます。このような国民の人権を保障するのを前提にした住宅基本法がなぜ日本では制定できなかったのでしょうか。この章では日本にとって教訓となる諸外国の住宅法制度を見ておきたいと思います。

1　韓国の住宅法

ソウルオリンピックと居住格差

韓国の住宅法を見る前に触れておきたいのは「土地公概念」についてです。というのも住宅法制定の背景には、政府による土地という不動産に関わる公式見解と、それを実現させた市民運動団体のパワーが存在すると見られるからにほかなりません。

一九八八年のソウルオリンピックは韓国に未曾有の地価暴騰と土地の独占をもたらしました。同年の地価は前年比一四・九パーセント上昇し、これに伴い住宅価格は一〇・〇パーセント、家賃は一四・六パーセント上昇、この地価、家賃上昇分の巨額資金が一握りの富裕層の懐に入り、これがさらに資産増殖のための投機資金に回ることになりました。その結果、所得階層上位五パーセントの超富裕層が全国民有地の六五パーセント、上位一〇パーセントが七七パーセントを占める状態になったというのです(国会土地公概念研究委員会資料)。

一方、大都市での住宅供給は極端に不足し、九〇年の時点でソウルでは二八一万世帯に対し、住宅数は一五〇万戸しかありませんでした。全世帯の一七パーセントが二世帯、五一パーセントが三世帯同居を余儀なくされていました。市内の集合住宅の価格も一億ウォン(当時、約二〇〇〇万円)前後に高騰するに至りました。とうてい一般市民の手には届かないものになってしまったのです。

このように階層間格差が拡大し続ければ、政治社会体制そのものが揺らぎかねません。頻発する労働争議やブレーキがかかり始めた経済成長、その背景に勤労者の勤労意欲の低下が存在すると指摘されるに至ります。

「土地公概念」の考え

勤労者の勤労意欲の低下は、居住不安、住宅確保に関わる絶望感によるものだとして、ここに真の公正な配分を求める市民運動団体が誕生します。若手の弁護士、大学教員、一般市民による「経済正義実践市民連合」という組織が立ち上げられ、連日ソウルをはじめとする各地でデモを繰り広げました。これに危機感を抱いた政府は、国会に土地公概念研究委員会を設置して「土地公概念」をとりまとめるに至るのです。

この「土地公概念」は「土地による不労所得を排除し、公平な再分配を実現して、国民の和合を図る」ことに意義があると説明され（国土開発研究院）、当時の盧泰愚《ノテウ》大統領は「土地は「公」のものである」と宣言して、この理念に沿って土地政策を進めることを国民に確約するのです。これに基づき九〇年三月、「土地公概念」関連三法といわれる「宅地所有上限に関する法律」「開発利益還元に関する法律」「土地超過利得税法」を制定します。これによって宅地の所有について上限を定めて制限します。また開発によって上昇した土地の価格値上がり分や、土地の売買によって得た利益についても税で徴収する税制度を紆余曲折のうえ、スタートさせることになります。

その後、この「土地公概念」関連三法は、地価が沈静化したこともあって有名無実化しますが、住宅法が制定された前段にこうした過去の宣言と法制化が存在するのを見逃すわけにはいかないでしょう。というのも二〇〇〇年前後からふたたび居住に関わる富裕層と低所得層の格差が顕著になって、オリンピック前後の様相が再現しかねない状況になってきたからです。

ソウル市郊外のビニールハウス村

先に私は、韓国では日本より居住格差が大きいといいましたが、たとえばソウルの都心部を見てみましょう。南大門の繁華街近くにはチョッパンという木造賃貸住宅密集地区があります。そこには一室三・三平方メートルから二〇平方メートルの貸室の住宅が一〇〇軒、七七一室ほどあり、七五〇人が暮らしています。家賃は一日七〇〇〇ウォン（約六〇〇円）から八〇〇〇ウォン（約五〇〇円）、炊事場、トイレ、シャワーは共用で、多くの人びとは教会の支援による無料の食事サービスで暮らしているといいます。火災が起きたら、大きな被害が予想されますが、収入がないか、少ないために、ここに住まわざるをえません。教会関係者によると、こうした地区は全

ソウル市郊外のビニールハウス村

国で一〇カ所あるというのです。

ソウル都心部から地下鉄で四〇分くらいのところには、ビニールハウス村があります。農業用のビニールハウスと同じ造りのハウスが何百棟も並び、約六〇〇世帯が暮らしています。プ

ロパンガス、練炭を炊事・暖房用に使っていますが、井戸、トイレなどは共用で、近くの畑で生花を栽培すると同時に日雇いなどで暮らしを立てています。

村の入り口に「居住権実現のためのビニールハウス住民連合」という垂れ幕が掲げられています。住民たちはここで安心して暮らせる住居を求めて何十年も運動を続けてきたといいます。その甲斐あって、この村は後に紹介する国民賃貸住宅建設用地となることが決まり、住民の九九パーセントが国民賃貸住宅に入居できることになったとのことです。住民によるとソウル市近郊にはこのようなビニールハウス村が四七カ所あるといいます。

二〇〇七年、私はこの村を訪ねた折、紆余曲折があったとはいえ高度成長を遂げた韓国に、なおこうした地区が存在するのに息を呑む思いをしました。これは一部ではオリンピック後の状況がなお続いているといえます。政府もさすが看過できなくなって住宅法の制定に踏み切ることになったのではないかと思います。「土地公概念」の前例が伏線となって、この居住格差を解消しなければならないと考えたのでしょう。

居住権を取り入れた韓国の住宅法

住宅法は、〇三年五月に旧来の住宅建設促進法を全面改訂するかたちで制定されました（日本で住宅建設計画法を廃止して住生活基本法を制定したのと似ています）。その最大の特徴は国民の居住権を具体化したところにあります。

もともと韓国憲法では第三四条（生存権、国家の社会保障、社会福祉の増進義務）において「①すべての国民は、人間としてふさわしい生活を営む権利を有する、②国家は社会保障、社会福祉の増進に努める義務を負う、③国家は、女性の福祉及び権利の向上に努めなければならない、④国家は、老人及び青少年の福祉向上を図る政策を実施する義務を負う、⑤身体障害者及び疾病、老齢、その他の理由により生活能力のない国民は法律の定めるところにより、国家の保護を受ける、⑥国家は、災害を予防し、その危険から国民を保護するために努めなければならない」としています。

また、第三五条（環境権、住宅開発政策の努力義務）でも「①全ての国民は、健康でかつ快適な環境のもとで生活する権利を有し、国家及び国民は、環境保全のために努めなければならない、②環境権の内容及び行使に関しては、法律でこれを定める、③国家は、住宅開発政策等を通じて、すべての国民が快適な居住生活を営めるように努力しなければならない」としていました（訳は韓国の翰林聖心大学・尹載善教授による。以下同じ）。このように、もともと韓国憲法では、国民の生存権としての居住権に触れてはいました。この場合も日本国憲法と似ています。

国民の生存権としての居住権の具体化は、住宅法第一条（目的）と第三条（国などの義務）で記されています。すなわち第一条はまず「この法律は、快適な居住生活に必要な住宅の建設・供給・管理と、そのための資金の調達・運用などに関する事項を定めることにより、国民の居住安定と居住水準の向上に貢献することを目的とする」と述べ、さらに第三条（国などの義務）において「国および地方自治体は、住宅政策を立案・施行するに当たって次の各号の事項を果たすために努力しなければならない。①国民に快適で暮らしやすい居住生活を可能にさせること、②住宅市場が円滑に機能を発揮し、住宅産業が健全に発展するのを期すること、③住宅が公平で効率的に供給されて、快適で安全に管理できるようにすること、④低所得者・無住宅者など居住福祉を実現するうえで支援が必要な階層に、国民住宅規模の住宅が優先的に供給されることができるようにすること」とされています。つまり、ここで憲法に触れられている生存権としての居住権実現の道筋を明らかにしているわけです。

その道筋の一つ、最低居住水準未満世帯（二〇〇〇年末時点で二三パーセント）に対しては優先支援するとして、第五条の三「最低居住水準未満世帯に対する優先支援など」において次のように定めています。「①国または地方自治体は、最低居住水準未満の世帯に対して住宅を供給することや国民住宅基金を支援することができる、②国または地方自治体が住宅政策を立案・施行する場合や住宅建設事業を施行する場合には、最低居住水準に達していない世帯を減らす努力をしなければならない（③は省略）、④建設交通部長官または地方自治体の長は、最低居住水準未満の世帯が密集した地域に対して、優先的に賃貸住宅を建設することや、都市及び住居環境整備法が定めるところにより優先的に住居環境整備事業を施行するための必要な措置をとることができる」としています。ここでも日本の住生活基本法が触れていない部分に踏み込んでいることがわかります。韓国の最低居住水準は日本に比べて低いのですが、それを解消しようという努力規定は着目していいでしょう。

国民賃貸住宅を一〇年で一〇〇万戸

この住宅法の趣旨に沿って住宅建設と環境整備を進めるために同年の〇三年に策定されたのが住宅総合計画です。この中でもっとも重要な項目として賃貸住宅建設計画があります。これに基づき〇四年に発表されたのが、一〇年間で計一五〇万戸の賃貸住宅建設計画です。

韓国の賃貸住宅は、資金、宅地供給における公的資金の有無により公的賃貸住宅と民間賃貸住宅に分けられますが、さらに公的賃貸住宅はかなり複雑で、永久賃貸住宅(一九九二年から建設は中止されています)、五〇年賃貸住宅、国民賃貸住宅(三〇年以上)、一〇年賃貸住宅、五年賃貸住宅に分類されます。このうち一〇年賃貸住宅と五年賃貸住宅は賃貸期間が終わると入居者に分譲されるので、家賃が高くなっています。社会福祉の面で見ると、賃貸期間、家賃などから永久賃貸住宅と五〇年賃貸住宅、国民賃貸住宅が一般国民向けの住宅といわれています。

賃貸住宅建設計画では、これらの賃貸住宅について、次のように計画を定めています。

国民賃貸住宅を一〇年間で計一〇〇万戸建設する。この国民賃貸住宅は大韓住宅公社、自治体が国民住宅基金の財政支援を受け、中低所得層を対象に建設し、市場家賃の五〇パーセントで供給する。さらに民間部門で賃貸期間一〇年以上の長期賃貸住宅を計五〇万戸建設する。これが同計画の全容です。

表5-1　韓国の最低居住水準(住宅法施行令)

世帯人員(人)	部屋の構成	総居住面積(m^2)
1	1K	12(3.6坪)
2	1DK	20(6.1坪)
3	2DK	29(8.8坪)
4	3DK	37(11.2坪)
5	3DK	41(12.4坪)
6	4DK	49(14.8坪)
7以上	4DK	52(15.8坪)

この計画を実際に立て、実施するのは地方自治体で、地域の需要を見て行う。そのために政府は、財政、宅地供給の両面から自治体を支援することになります。一〇〇万戸建設には日本円で総額五・六兆円の財源が必要ですが、うち国の財政から一・一四兆円、国民住宅基金から二・二四兆円を支援します。また宅地確保のために国民賃貸住宅等に関する特別措置法を制定し、一〇〇万平方メートル以下の団地開発を支援、またグリーンベルト解除予定地を積極的に活用する。

ちなみにこの計画では、国民賃貸住宅の規模は最低でも、最低居住水準を満たす広さ、民間の長期賃貸住宅は八〇〜一三〇平方メートルと規定されています(韓国の最低居住水準については表5-1参照)。国民賃貸住宅は日本の公的賃貸住宅の規模よりも狭いですが、民間の長期賃貸住宅は日本のそれよりかなり広いということになります。韓国の二〇〇〇年の人口・住宅センサスによると、普通世帯一四〇〇万世帯のうち七七五万世帯(五四・二パーセント)が持ち家で、賃貸住宅世帯は六一五万世帯(四三パーセント)。最低居住水準未満世帯(二三・四パーセント)は圧倒的に賃貸住宅入居者に多いとされているので、これら居住水準改善をのぞんでいる世帯(無住宅者を含む)にとっては、この計画はかなりの期待を抱かせるものといえるでしょう。これによってビニールハウス村の居住者も救済されることになるわけです。

そのほか住宅総合計画では、「住宅福祉の観点から支援が必要な階層に対する支援に関する事項」として、低所得層に対する日本の生活保護の住宅扶助に似た家賃補助を行うことなどにも触れていますが、ここでは触れる余裕がありません。

米国経済の不況の影響を受けて〇八年末以降、韓国経済も苦境に陥っており、これらの計画が順調に進むかどうか予断を許さないところがあります。しかし、これを日本の場合と比べて考えるべきことは少なくないように思います。韓国では「土地公概念」に続いて住宅政策でも「公」の役割を重視しようとしており、そうしたことは私たちに対する重い問いかけでもあります。

2　英国の「住宅緑書」

アフォーダブルな住宅

英国では二〇〇七年七月、ブラウン政権が「住宅緑書」と呼ばれる住宅に関する「グリーンペーパー」を発表しました。前月のブレア政権の引継ぎから一カ月も経たない電光石火の出来事で、マスコミを驚かせました。グリーンペーパーとは、政府の政策大綱を示し、議会に提出されるホワイトペーパー（白書）に対し、その作成前に担当行政庁が発表する政策文書のことをいいます。

このグリーンペーパーは新政権の住宅担当相イベット・クーパーによって発表されましたが、正式には"Homes for the future; more affordable, more sustainable"（よりアフォーダブル、より持続的な未来のための住宅）というのがそのタイトルです。アフォーダブルとは、私が本書で述べている、誰もが適切な広さ、適切な価格、適切な場所の住宅を取得できることを指しています。つまり、だれもが未来のためによりよい住宅を取得できるようにといった意味合いのタイトルといっていいでしょう。ブラウン政権が政権発足後、直ちにこのような文書を発表したのは、それだけ英国の住宅事情が深刻化してきていたからにほかなりませんでした。

英国の「住宅緑書」

グリーンペーパーは一二九ページ、全五部一二章からなっています。第一部「進捗と課題」、第二部「需要増加とより多くの住宅」、第三部「よりよい住宅、住みたい場所、住宅の創造」、第四部「もっとアフォーダブルな住宅を」、第五部「具体的方策」という内容です。一貫しているのは、より良質なアフォーダブルな住宅を増やそうということです。

グリーンペーパー発表の背景

ブレア政権はおよそ一〇年にわたり、サッチャー政権による新自由主義に基づくさまざまな分野における市場原理に傾斜した政策によって社会にもたらされてきた歪みの是正に追われてきました。なかでも公営住宅の払い下げに象徴される住宅政策の市場化がもたらした社会的排除により、社会的弱者がアフォーダブルな住宅に居住できなくなったことを重視しました(その歪みがいかに一般勤労者を直撃したかについては、たとえば、Stephen P. Savage, *"Public Policy under THATCHER"*(『サッチャーのもとでの公共政策』)に生々しく描かれています)。

ブレア政権はこうした状況を改善させる政策を展開していきます。具体的には住宅・教育・

医療政策を通じて、障がい者、病気療養者、マイノリティ、若年層、高齢者、DV被害者、ホームレスなどの社会的弱者の人権を、市場のもとで自立できるようサポートをしつつ、それを回復させようという試みです。しかし、着々と進行する市場化の中で社会的弱者の人権を回復させるのは容易ではありません。住宅事情も近年は、深刻化するばかりです。

グリーンペーパーが発表された直後の〇七年に全国住宅連合が明らかにしたところによると、社会住宅(公営住宅と各地の非営利法人の住宅協会によって供給される低所得者を対象にした住宅の総称。全国住宅連合は住宅協会の連合組織)への申し込み者のウェイティング・リストは直近の五年間で五七パーセントも増え、この時点で一六〇万世帯、約四〇〇万人に達する事態になっていました。その結果、地方自治体が決まった住宅がない人たちに一時的に提供するホステルなどの宿泊所の利用者は、約八万七〇〇〇世帯におよぶ事態になっているというのです。

一方、住宅価格も上昇するばかりです。同連合の調査では〇六年、イングランドにおける平均住宅価格は日本円で約五〇〇〇万円、前年より七・五パーセント上昇しており、勤労者の平均年収の一一倍に達しています。ロンドン市内の住宅地では、平均年収の二〇倍に達するところも出現するに至ります。住宅価格の上昇は、住宅を所有する富裕層の資産価値を増加させ、富裕層と低所得層の格差を拡大させることにもつながっています。こうした住宅事情が続くと、今後さらに増えることが予測される核家族や単身世帯は、なかなかアフォーダブルな住宅を取得するのが不可能となってしまいます。グリーンペーパー発表の背景には、こうした危機感があったといっていいでしょう。これは日本の場合と酷似している状況です。

低所得層向けの住宅供給を重視

ではグリーンペーパーで政府が具体的に実行すると約束している政策はどういうものなのでしょうか。その中心になっているのは次の三点です。すなわち、①二〇一六年までに年間二四万戸で計二〇〇万戸、二〇二〇年までに合計三〇〇万戸の住宅を建設し、需要増に対応する、②その住宅は、公共サービスへのアクセスがよく、環境に配慮したよりよいデザインのものとする、③アフォーダブルな住宅を供給する、といったものです。

さらに居住格差を解消するために、次のような政策を積極的に進めるとしています。すなわち、①低所得層向けの住宅の供給増を図る、②アフォーダブルな住宅の供給増を図る、③初めて住宅を購入する者に対する支援を強化する、といったものです。それにより、とくに低所得若年層を housing ladder(住宅取得のハシゴ)に参加させうる社会をつくることが重要だというわけです。

そこで政府は低所得層向けの社会住宅供給に力を入れると約束し、二〇〇七年度から三年間で六五億ポンド(約一兆五〇〇〇億円)を、住宅公社を通じて全国の住宅協会に配分し、一〇年度までに計四万五〇〇〇戸の社会住宅を供給する計画を掲げています。事実、〇七年度には、〇四年度の五〇パーセント増の三万戸の社会住宅を建設・供給しました。

さらにサッチャー以降、地方自治体による公営住宅建設のための補助金はなされていなかったのですが、自治体が地域の住宅事情に果たす役割を重視して、住宅公社の補助金を受けて社会住宅を建設するのを可能としました。また都市計画を通じて住宅建設の決定に積極的に関与することを促すなど、自治体が直接的、間接的にかかわらず、地域の住宅改善に役割を果たせるための施策を講じると約束しています。これはサッチャーによる住宅政策からの大転換といっていいでしょう。

サッチャーにならって、住宅政策の市場化を進め、それによる歪みが顕著になるばかりなのに、さらに市場化を促進する——そんな日本の状況と英国とはかなり違います。

英国の住宅政策の系譜

あらためていうまでもなく、英国は住宅政策発祥の地として知られています。英国における住宅問題は、エンゲルス『英国における労働者階級の状態』に書かれているように、産業革命による工業化、都市化の発展に伴い、最大の社会問題として顕在化しました。

そして一九世紀半ばには「労働者の住居の非衛生的な状態および環境を改善して、病気や死亡を予防すれば、救貧支出を抑えることが可能になる」と指摘したチャドウィック報告として知られる「英国における労働者の衛生状態」に関する調査報告が出されます。それに示唆を受けて、一八四八年に公衆衛生法が制定されたのを皮切りに、一八五一年にシャフツベリー法、一八六六年に衛生法など、家屋の密集、排水の不完全、トイレなどに関する保健衛生面からの問題の改善を目指した初期住宅関係立法がなされます。このように住宅問題を国家政策の最大の目標としてきました。つまり、英国の住宅政策は貧困救済策、社会政策としてスタートしたのです。そこでとられたのは住宅建設と住宅経営を市場経済原理にまかせないで、必要な住宅の過半を直接公共の手で建設し、管理する政策でした。

とくに第二次大戦後の一九四五年に発足した労働党政権のもとで大量の公営賃貸住宅の建設を進めることが住宅政策の中心に据えられ、それ以降、五四年までの一〇年間には住宅建設総戸数の八〇・五パーセントを公共住宅(九〇パーセントが賃貸住宅)が占めたという記録がありま す。大戦後の英国における住宅不足数は一五〇万戸にのぼり、労働党アトリー政権は公共住宅の大量供給こそ国民の住宅難を救済する近道だとしました。その後、公共住宅の数は減っていきますが、それでもサッチャー登場までは全住宅の三〇パーセントが公共住宅でした。

加えて家賃政策によって、公正家賃が支払い困難な借家居住者を保護、救済するために、七二年制定の住宅財政法により制度化された家賃補助制度を実施してきました。すなわち公正家賃の支払い困難な民間借家入居者には家賃手当てがなされ、公営住宅入居者で家賃負担が困難なものには家賃の割引が行われてきました。また建築組合という住宅金融専門機関を通じて持ち家取得のための住宅金融を行い、持ち家政策も進めてきました。しかし、住宅政策の中心は公共賃貸住宅に置かれてきたのです。

英国では保守、労働両党政権の交代のたびに、あらゆる政策が修正され、住宅政策もその例外ではなく、そのつど揺れ動いてきています。ただし両党ともに共通しているのは、国民にとって水準の高い住宅ストックを着実に積み重ねていくということで、そのための政策手段が変更されるにすぎません。だからサッチャー以前は公共住宅の建設量の多寡はあったにしても、それまでの住宅政策を根底から覆すような政策手段はとられてこなかったのです。

サッチャー政権のもたらした「歪み」を是正

ところが、一九七九年にサッチャー政権が誕生すると状況は一変します。八〇年度からの公共住宅の新規計画を中止し、八〇～八一年度から八四～八五年度にかけての住宅予算を六一パーセント削減、同時に「八〇年住宅法」を成立させて、「公共住宅を購入する居住者の権利」を制定、三年以上の公共住宅入居者に原価の三三パーセント引き、一年住むごとに一パーセント引き、二〇年以上の入居者には五〇パーセント引きで公共住宅を譲渡するなどの政策を打ち出したのです。

これは払い下げにより入ってくる金を財政難解消策として充てようというわけで、つまり小泉構造改革が模範としたものでした。その結果起こった混乱は前述している通りです。払い下げを受けたのは入居者のうちでも余裕のある世帯で、売れたのは立地環境がよいところだけでした。逆に環境がよくない公営住宅に残されたのは超低所得層という状況が引き起こされたのです。英国の公共住宅は、本来の国民住宅から福祉住宅的なものに変質することになってしまいました。これも小泉構造改革以降の日本の状況と酷似しています。

サッチャー以後、公営住宅に代わって中低所得層の住宅確保に大きな役割を果たすことになるのは各地の住宅協会による社会住宅です。前述したように、ブラウン政権は、この住宅協会による社会住宅建設を住宅政策の大きな柱にしています。公営住宅が全住宅に占める割合は、サッチャー政権発足時の三〇パーセントから二〇〇三年には一三パーセントまでに減少していますが、逆に住宅協会による社会住宅は一九九一年の三パーセントから〇三年には七パーセントに増えているのが、両者の役割交代を示しています。しかし、今回、政府が自治体の住宅直接供給を容認する政策を打ち出したことは、公営住宅復活の兆しとなるかもしれません。

いずれにしても、グリーンペーパーが目指しているのは、住宅政策を伝統的な社会政策として機能させるところへ回帰することではないかと思われます。英国の住宅政策はサッチャー政権のもとでいったん終焉し、ここにきて復活しつつあると捉えていいのではないでしょうか。

3　フランスにおける住宅への権利

ホームレス支援が原動力に

本書の「まえがき」で、パリのサンマルタン運河に集まった住まいなき人たちの訴えで、フランスでは二〇〇七年に「住宅人権法」(DALO法)が制定されたことを紹介しました。かれらは、ホームレス支援団体の「ドン・キホーテの子どもたち」がフランス内に約一〇万人いるとされるホームレスを解消することを目標に組織した人たちです。〇六年末、運河沿いに二〇〇のテントを張って、住宅政策が貧しい者の居住権確保に目を向けるようアピールしたのでした。かれらは「サンマルタン運河憲章――すべてのものが住宅に入居できるために」というアピールを発表して、政府にその実現を迫りました。

『ル・モンド』紙(二〇〇六年一二月二九日付)によると、その骨子は、ホームレスの人たちの生存権を保障し、それらの人たちへの援助・扶助の義務を果たすために、政府には次のようなことを要請していました。①自力で適切な住居を確保できない市民は住宅の提供を受けられるべきで、国はその責任と義務を負うべきである、②一時的な住居として民間団地に一時的住宅

パリのサンマルタン運河沿いに並ぶ多数のテント
(2007 年 1 月．写真提供＝共同通信社)

を設置する、社会住宅の空き家、解体予定の社会住宅を積極的に活用することを実行せよ。貧困層が入居できる社会住宅を大量に提供せよ、③国は人びとの多様な要求、生活実態に対応した多様な居住形態の住居を提供すべきである。二四時間、三六五日開設している個室、カップルと犬の入所などを保証した宿泊施設を設置せよ。それら宿泊施設が恣意的に滞在期間などを決め、次の施設へたらいまわしして、人間の尊厳を損なうことをするな。宿泊施設の受け入れ期間はつねに人びとの状況に対応して決めよ。大意はこのような内容です。犬と一緒の入所まで求めているところが、いかにもフランスらしいと思いますが、これが政府を動かし、〇七年三月に制定されたのが「住宅人権法」だったわけです。

この住宅人権法は、正確には「請求可能な住宅への権利を定め、社会の統合のためのさまざまな措置に関する二〇〇七年三月五日の法律第二〇〇七－二九〇号」といいます。フランスでは大統領選挙を控えていたので、シラク＝ドビルパン政府がたちどころに対応して、この法律が制定されたと伝えられています。もちろん、これには前段があります。

フランスの戦後住宅政策

フランスは戦後、住宅不足に対して、それまであった家賃統制を解除するとともに住宅手当制度を創設し、非営利住宅供給組織のＨＬＭ機関に対する強力な助成と指導で準公共住宅といえる社会住宅を大量に建設しました（ＨＬＭは Habitation à loyer modéré の略）。また同時に不動産銀行の融資による持ち家取得策を進めてきました。ＨＬＭ住宅（適正家賃住宅）は、それまでのＨＢＭ住宅（低家賃住宅。ＨＢＭは Habitation à bon marché の略）に代わり、一九五〇年にＨＬＭ法により建設される住宅の総称で、供給主体は地方自治体出資のＨＬＭ公社と民間出資のＨＬＭ会社、ＨＬＭ協同組合。国は毎年度、これらの機関の事業計画を決定し、これに基づきＨＬＭ金庫から資金の低利融資と利子補給が行われることになります。

一方では、世帯構成と収入に応じた住居費補助が強化され、ＡＰＬ（住宅手当制度）、建設に対するＰＬＡ（賃貸住宅建設貸付）、ＰＡＰ（持ち家取得貸付）制度を新設して、賃貸住宅居住者と持ち家取得者とのバランスをとった住宅政策を進めてきた経緯があります。

そうした政策を展開する過程で、八二年には民間賃貸住宅入居者の権利を強化するキイヨ法（借家法）を、九〇年には住宅困窮者世帯対策を促進するためのベッソン法（住宅への権利実現法）

を制定します。

キイヨは法案提出者の名です。法律の正式名は「賃借人と賃貸人の権利と義務に関する法律」(これに法律制定日が入ります)。第一条第一項で「住居への権利は、基本権の一つである。それを規律する法律の枠内で行使される」、第二項で「この権利の行使は、全ての社会階層に対して開かれた借家部門と持ち家部門の維持と発展により、すべての人びとにとって居住様式と居住地の選択の自由を伴う」とあり(訳は寺尾仁新潟大学准教授による)、国民の居住権を宣言したところに、その意味があるのはいうまでもありません。

ベッソン法の正式名は「住宅への権利の実現を目指す法律」です。この法律では第一条で「住宅に対する権利の保障は、国民全体の連帯の義務の一つをなす。とりわけ、所得や生活条件に適合しないことを理由として、はなはだしい困難を被っているすべての人あるいは世帯は、この法律が定める条件に従って、公共団体に援助を求めて、品格があり独立している住宅を手に入れ、あるいはそこに留まる権利を有する」とあります。ここでの住宅への権利とは、具体的には住宅困窮者の社会住宅への入居を促進するところにあると解されています。

その後、フランスではリヨンの社会住宅団地における移民系の若者と警官隊との衝突事件をきっかけに、すべての国民が共生しうる(あらゆる階層、世代が共存するソシアルミックスの社会をつくる)権利を明記した「都市への権利法」(LOV法)などが制定され、国民の居住、都市への権利が拡大されていくことになります。しかし、英国の場合と同様に、右派と左派との政権交代のたびに住宅政策は揺れ動き、近年の右派政権のもとで住宅困窮者に対する施策は住宅対応から施設対応へシフトしていきます。

ところが、その施設は十分ではありませんでした。さまざまな立法による居住権の保障で、一定水準以上の人たちの居住は確保されるに至りましたが、超低所得で居住確保が不可能な人たちは取り残されています。余儀なくホームレスにならざるをえない人たちもいます。ここにサンマルタン運河での出来事の背景があったといっていいでしょう。

住宅への権利

住宅人権法は、第一条で次のように規定しています。「住宅への権利は、手続きに適い、かつ国務院による政令（デクレ）が定める恒常的な条件で、フランス国内に居住し、品格があり独立した住宅を自らの資力によって手に入れるかあるいは維持できないすべての人びとに対して、国が保障する。この権利は、（中略）調停による請求、ついで必要であれば訴訟による請求によって行使される」。

この権利を有するのはフランス国民で、自力で品格があり、独立した住宅を取得できない人、社会住宅に入居できる条件を満たしている人、現に住宅がないか、立ち退きを迫られている人、施設に泊まっている人、居住には不適切な住宅に住んでいる人などで、これらの人たちは調停、あるいは行政訴訟によって、国に対し、品格のある、独立した住宅を請求できるとなっていま す。フランス全土で約一〇万人いるといわれるホームレスや母子家庭は二〇〇八年から、一般国民は一二年から、この法律の適用を受けられます。

そのうえで同法は、社会賃貸住宅が少ない自治体に対し、社会賃貸住宅を供給しなければならない義務を強化し、住宅困窮者から請求があった場合に対応可能にしました。この措置によりHLMによる社会賃貸住宅が〇七年に約一二万戸、〇八年、〇九年には各一四万戸強が供給されると政府当局者は説明しています。つまり、権利請求に対する受け皿もここでは約束されたわけです。国民の居住権を法的に認めても、その権利を具体化しうる住宅がなければ、その権利は「絵に描いた餅」に帰してしまいます。その措置もなされることが約束されたことは、「ドン・キホーテの子どもたち」の訴えが全面的に認められたといっていいでしょう。

こうしたフランス政府の手早い対応を知ると、彼我の差をあらためて痛感せざるをえません。日本で年越し派遣村に集まった住まいなき人たちに対する政府の対応とは、大きな違いがあるからです。それは、その場しのぎといっていい対応でしかありませんでした。いまだに問題は解決の方向さえ見出せないでいます。なぜ、こうも違うのか、ここでもまた私たちは重い課題を突きつけられているといっていいでしょう。

4　米国の低所得者向け住宅政策

ところで、二〇〇八年以降、サブプライムローンが破綻して世界経済不況の引き金を引いた米国では、中低所得層対象の住宅政策はどうなっているでしょうか。

サブプライムローンの破綻

サブプライムローンとは信用度の低い低所得者を対象にした住宅ローンです。当初五年間は七〜八パーセントの利子ですが、その後は一二〜一三パーセントに上昇していくという仕組みです。経済成長が続き、賃金が上昇するうちは、この仕組みも機能していましたが、経済が減速して給料が下がると、たちまち返済が困難になってしまいます。

同時に担保となっている住宅価格が下がると、貸し手側はローンの債券価格を維持できなくなって信用不安を引き起こし、借り手、貸し手側双方が破綻することになります。これは低所得層に広がっていた持ち家志向の心理を衝いた、いわば「貧困ビジネス」の典型でした。この破綻が原因で世界中の人びとが苦境に陥ることになったのですから、私たちがいい印象を抱くはずもありません。

このサブプライムローン問題は、近年、ローンの返済が不可能になり、家計が破綻し、住宅を手放したり競売にかけられたりするケースが続出している日本にとって、決して他人事とはいえないでしょう。しかし米国ではこうした事態を招く前に、低所得層の住宅確保に何の手も打つことができなかったのでしょうか。私たちはそうした疑問を抱かざるをえないのです。

米国のさまざまな住宅政策

米国では原則的に市場を通じて持ち家を取得する政策が進められ、民間の住宅建設を誘導する住宅金融市場の育成策に力を入れてきた経緯があります。国民所得水準が高いことから、これまでは多くの国民が無理なく住宅を取得できていました。今回のサブプライムローン問題は新自由主義によるその市場拡大策が暴走したところに発端があったと見てよいでしょう。利用者のほうにも住宅取得を投機として捉える風潮がありました。しかし米国の住宅政策を歴史的に見ると、その一方で、福祉国家形成を目指した住宅政策も展開されてきてはいたのです。

一九四九年住宅法は第二条で「国家的住宅政策の宣言」を行い、自治体による公営住宅の直接供給のほかに、民間住宅を利用した借り上げ公共住宅制度、買い入れ公共住宅制度なども取り入れてきていました。さらに一九七四年住宅コミュニティ法は、市場家賃と入居者の家賃支払い額との差を連邦政府が補助する家賃補助制度を創設したりもしています。米政府は公共住宅政策に決して無関心ではなかったといっていいでしょう。

近年もっとも注目されるのは一九九〇年に制定された「クランストン・ゴンザレス・ナショナル・アフォーダブル住宅法」（以下、一九九〇年住宅法）です。これはレーガン政権以降、新自由主義経済のもとで福祉、住宅予算が削減され、低所得層の住宅問題が深刻化するばかりなのに危機感を抱いたクランストン、ゴンザレスの両民主党上院議員が提案して成立した法律です。この一九九〇年住宅法は、日本の住生活基本法には見られない政策目標を掲げています。

すなわち、第一条（国の住宅の目標）で、「連邦議会は、国の目標が全ての米国人の家庭が適切な居住環境にある適切な住宅を入手できるようにすることであることを確認する」（訳はUR都市住宅技術研究所の海老塚良吉氏による）と記しています。そのうえで第二条（国の住宅政策の目的）において、そのための方策を次のように規定しているのです。

「国の住宅政策の目的は、長期にわたり確立してきた国の約束である、適切で安全かつ衛生的な住宅をすべての米国人が確保できるようにするために、公共と民間の組織による全国的な協力関係を次のように強化する。

①米国のすべての居住者が適切な住まいに入居することができ、ホームレスにならないように支援する、②低中所得層の世帯が入手でき、就業の機会をえることのできる適切な住宅供給を全国で増やす、③米国のすべての居住者、とりわけ不利な立場にあるマイノリティの人々に、差別をしないで住宅の機会を改善する、④近隣の安全と暮らしやすさをつくり出すのを支援す

る、⑤持ち家の機会を増やす、⑥すべての米国のコミュニティで可能な限り低金利で信頼できる容易に利用できる抵当融資を提供する、⑦連邦による支援住宅や公営住宅の借家人の能力を高め、世代にまたがる貧困を削減し、自立性を高める」

一九九八年には、公営住宅制度改革のための一九九八年住宅法が制定されています。これは第二次大戦前の三七年に制定された住宅法を廃止して制定されたもので、低所得者に安全で健康な環境のもとでアフォーダブルな住宅供給を促進することを目的としており、まず地方住宅公社に対する規制を緩和して、建替えや入居者選定、家賃の決定などについて公社に自主性を認め、住宅管理をスムーズに行えるようにしました。さらに公社の資金調達についての方策拡大、ソシアルミックスの促進、団地の取り壊し、建替え規制の緩和、住民支援のための資金の用意などについても触れていきます。

すでにこの時点で米国では、成長管理の考え方に基づき、都市計画による規制を設け、再開発にさいしてアフォーダブル住宅の併設を義務づけるなど、中低所得層の住宅確保を行ってきた都市が存在しますが(サンフランシスコ、ロサンゼルス、ニューヨークなど)、ここへきて住宅政策においてもアフォーダブル住宅の供給を強力に進めることを確認したわけです。

公営住宅の改善

これらの法律により積極的に進められているのが既存の公営住宅の改善事業で、二〇〇四年秋の時点で約一六万五〇〇〇戸の公営住宅が取り壊しや建替えの承認を受け、うち一一万五〇〇〇戸以上が取り壊され、新たな公営住宅と家賃補助のある民間住宅に建て替えられたといいます(UR都市住宅技術研究所の二〇〇七年のレポート)。それでもなお取り残されている人たちが圧倒的多数を占めるのも事実です。たとえば、IUT(国際借家人連合)の機関誌(二〇〇六年四月号)は、ニューヨークの借家人は家賃の高騰と収入の激減で困窮のきわみに達していると記しています。そのような状況を打開しようと、これらの事業は着実に進められています。

米国・フィラデルフィア市内で建替えが行われた公営・民間住宅の混合集合住宅

こうした政策が展開されるに至ったのは、レーガン政権が進めた新自由主義政策への見直しが背景にあります。すなわち、一九八一年に誕生したレーガン政権は、新自由主義に基づき、連邦政府を公共政策から撤退させます。それによって、住宅政策も例外なく大幅縮小され、その結果、住宅貧困層も激増することになりました。そうした状況に軌道修正を図ろうという機運が高まり、住宅政策の見直しが進められたわけです。そこにはさまざまな民族、階層、世代などによって分断されている社会を融合させたいという人たちの希望が連邦議会を動かし、この軌道修正を可能にしたのではないかと思われます。

確かにサブプライムローン問題は米国が抱える住宅問題の暗部を照射することになりましたが、しかし、米国の住宅問題はそれだけでは語ることができないのです。中低所得層のアフォーダブル住宅確保を目標にそれなりの政策的努力を試みてはいるといっていいでしょう。

ここで米国の住宅政策について紹介したことについても触れておきます。戦後日本の住宅問題は、冒頭で記したように米軍の空襲によって生じた住宅難から始まり、サブプライムローン問題に端を発した世界経済危機による不況で生まれた「ハウジングプア」対策まで(その間にも日本の国内政策に対して米国からはさまざまな干渉がありました)、この六〇年余、米国の後始末に追われてきた感がないでもありません。これは「隠れた日米関係史」といってもいいでしょう。しかし一方で、そうした米国でとくに連邦議会が、住宅政策に日本で見られない原理原則を貫こうとしていることは着目しておいていいのではないかと考えます。

第六章　「居住の貧困」を克服できるか

東京・新宿の中央公園内のテント村

二〇〇九年六月一九日のNHK総合テレビ「ゆうどきネットワーク」で「住宅ローンが払えない」という特集が放映されました。一二年前に住宅ローンを利用して埼玉県の分譲集合住宅を購入し、三五年間契約で毎月一〇万円、ボーナス時には二〇万円を支払ってきたが、不況による収入減でこれが払えなくなり、十数年間住んでいた住宅を売って一家四人別々に暮らすことになった――そんな四〇代の勤労者のケースが取り上げられていました。一家四人別々にというのは、住宅を売ってもなお借金が残り、一緒に暮らす住まいを確保できないためと説明されていました。やはりと、悲痛な思いにとらわれました。

私を含めて団塊の世代までは、生涯賃金の大半をつぎ込めば住宅確保は可能な場合が多かったのですが、その下の世代の勤労者はもはやそれも不可能になったことを示すエピソードです。まして、より低所得の人たちの居住水準改善や現に住まいなき人たちの住宅確保はますます難しくなっています。もはや、これらの人たちが適切な価格で、適切な広さの住居を、適切な場所で確保すること（すなわちアフォーダブル・ハウジング）は不可能なのでしょうか。日本で国民の居住権が保障されることはないのでしょうか。

二〇〇八年末からクローズアップされてきた、経済危機の中で深刻化した国民の貧困や不安を、生存権の問題として考える機運が生じてきているのも事実です。〇九年五月三日の憲法記念日にこの問題を正面から取り上げた新聞の社説も現われました。すなわち、憲法第二五条の生存権を取り上げ、こうした貧困や不安の現状を批判したのです。憲法第二五条が新聞の社説で論じられたのは画期的なことといっていいでしょう。私はこの方向に向けて国民的な議論を進めていくことが可能ならば、あるいは展望が切り開かれないこともないと考えます。この最後の章では、その展望を切り開くうえで重要な視点や、すぐにでも着手すべきことなどに触れておきたいと思います。

1　基本的権利としての居住権の確立から

生存権は、いま

二〇〇九年の憲法記念日に国民の生存権について社説を掲げていたのは、私が目を通した限りでは『朝日新聞』と『東京新聞』の二紙です。憲法記念日に新聞は憲法に関する社説を掲載するのがつねですが、『朝日新聞』は「日本にも当たり前の人権を侵されている人々が増えている」「だれもが人間らしく生きる権利を持つ。政府にはそれを具体化する努力義務がある」「右肩上がりの経済成長が続いていた間、国民はほとんど憲法第二五条を意識することなしにと述べていました。また『東京新聞』は「誰でも働いてさえいれば食べていける状態が崩れ、仕事を失えば住まいもなくなって路上に放り出され、たちまち生命の危機に瀕します」「人間らしく生きるための最低条件を保障すべきセーフティネットもほころびだらけです」「効率、コスト優先から人間らしく生きる権利の最優先へ――憲法第一三条、第二五条の再確認が必要です」(第一三条は生命、自由、幸福追求に対する国民の権利を明記)と述べていました。

この二紙に共通していたのは、国民の生存権を明記した第二五条が、GHQの憲法草案にはなかったのを衆議院の審議で追加された条項であることを指摘していたことです。つまり、日本の自前の条項であり、それだけに政府はこれを遵守する必要があるということです。これまでメディアを含めて私たちは、この点についてあまりにも無関心できたのではないでしょうか。

あらためて憲法第二五条を確認しておくと、「①すべて国民は、健康で文化的な最低限度の生活を営む権利を有する。②国は、すべての生活部面について、社会福祉、社会保障及び公衆衛生の向上及び増進に努めなければならない」と、国民の基本的人権としての生存権と国の生存権保障義務を明らかにしています。住宅とは、この条文がいう「健康で文化的な最低限度の生活」を実現するための必須条件ですから、生存権としての居住権は国民の基本的人権と解していいでしょう。

この条文でいう社会福祉をわかりやすく説明すれば、国民の生活をできるだけ豊かにすること、社会保障とは国民の生存を公共扶助または社会保険により確保すること、公衆衛生とは国民の生命と健康を保全し増進することを指しています。この憲法第二五条の最大の眼目は、すべての国民が社会生活において人間の尊厳を確保することのできる最低限度の生活の保障を国に請求でき、また国はこれを社会福祉、社会保障、公衆衛生を通じて実現しなければならないことを指していることにあるといっていいでしょう。戦後まもなく制定された公営住宅法もこの趣旨に沿って立法化されたことは前述している通りです。

生存権としての居住権

こうした解釈が揺らぎだしたのは、一九六七年に最高裁判決が出た「朝日訴訟」以降のことです。同訴訟は憲法第二五条を具体化する生活保護法に基づく厚生大臣の違憲性（生活保護基準をめぐる被保護者の保護請求権の権利性を争ったもの）について「（憲法第二五条の）この規定は、すべての国民が健康で文化的な最低限度の生活を営めるように国政を運営すべきことを国の責務として宣言したにとどまり、直接個々の国民に対して具体的権利を賦与したものではない」というそれ以前の判決（一九四八年、食糧管理法違反事件に対する最高裁判決）を受けたかたちで「保護基準の設定は厚生大臣の裁量のうちに属することであって、その判断については、法の趣旨・

目的を逸脱しない限り、当不当の問題を生ずるに過ぎないのであって、違法の問題を生ずることはない」と、その解釈は国の裁量によるとの判断を下したのがそれです。

つまり、生存権は裁判で争われる具体的権利とは認められず、国の裁量のうちの問題だというわけです。憲法学の大勢もこの解釈を支持してきた経緯があります。憲法第二五条の規定は、極論すれば「目標」にすぎないという解釈だといっても過言ではありません。

しかし、法律学的解釈が国民の生存権保障に消極的であるとしても、政策的には国がその実現に責務を有しているのはいうまでもありません。それは、そのときどきの国家の社会経済的なレベルに沿って、掲げられる目標に向けて、政策的に実現されなければならないものです。仮に生存権の内容が国の裁量により決定されるものであるとしても、国はその裁量の中で最大の内容の決定をする責務を負っているはずです。最高裁判断は、生存権を積極的に認めるまではしないまでも、その実現に向けて不断の政策的関与を国に求めていると考えるのが妥当ですが、果たして国はこれまで、そういう努力をしてきたでしょうか。

それどころか近年の政府は、そもそも生存権としての居住権を建前としか捉えていないにしても、その取り組みはあまりに怠慢としかいいようのないものです。ハビタットⅡで採択された、それぞれの国における居住権確保を約束したイスタンブール宣言に署名しているにもかかわらず、前述したように、その後制定した住生活基本法で国民の居住権実現について曖昧なままにしています。その理由として国民の居住権について国民的合意がなされていないことを挙げていましたが、これほど国民を愚弄している弁明はないでしょう。憲法の理念に照らして国がいうべき弁明ではありません。しかも住生活基本法制定以降の住宅政策を見ても、後退につぐ後退で、韓国や英国の場合と比べてあまりにも違いが大きいといわなければなりません。

広がるばかりの社会的格差と貧困の中で、人びとが適切な価格、広さ、場所の住宅を取得できるアフォーダブル・ハウジングを実現可能にするには、この生存権としての居住権を基礎にした住宅法制のもとに、さまざまな政策が展開されるのが不可欠です。まず住宅法制に居住権を明確に位置づけることが必要です。そうした役割が憲法学に求められています。ともすれば憲法学はこれまで、最高裁判断を支持して、その後の生存権解釈についても、そこから踏み出すことに躊躇してきた感がします。しかし、社会情勢が大きく変化した今日、これに現代的解釈を加えなければならないときにきていると思うのです。

もちろん、憲法学にそれを期待するには国民の後押しが必要なのはいうまでもありません。たとえば、フランスにおける「ドン・キホーテの子どもたち」のような後押し、あるいは韓国の経済正義実践市民連合が果たしたような役割です。それは国に対してもなされなければならないのはいうまでもありません。日本でも〇九年六月一四日、この日を「住まいは人権デー」として、住宅運動団体によるアピールが東京・池袋で行われましたが、こういう試みはもっと

「国民の住まいを守る全国連絡会」(住まい連)による街頭でのアピール活動(2009 年 6 月 14 日，東京・池袋駅前)

なされていいでしょう。

そして、まず住生活基本法に国民の居住権保障を国の義務とすることを明確にさせる。これを受けて下位の住宅法にその実現のための方策を具体的に書き込む。そういう抜本的な法改正が必要なのではないでしょうか。そのさい、米国において一九九〇年住宅法を制定した連邦議会の力が、日本でも問われることになるのはいうまでもありません。生存権としての居住権を具体化するには、そうした手順が求められているのではないかと思われます。

居住権をどのように確立するか

では、その居住権はどのような内容で構成されるべきでしょうか。その第一は、国民が健康で文化的な最低限度の生活を営むに足る住居基準です。住生活基本法では第三条などにしきりに「良質な住宅」という用語が出てきますが、どういう住宅を良質な住宅というのかが明らかではありません。最低居住水準（四人世帯、３ＤＫ、五〇平方メートル）をすべての世帯で確保しなければならないのが政策目標であるとしたら、それを法的に拘束力のあるものとしなければなりません。施行規則の別紙によるという姑息な表現でなく法律に明記すべきです。住宅政策の規範として法的に明記するのがのぞましいでしょう。

第二は、住居費です。旧住宅建設計画法では、第四条で「入居者の負担の能力」という形で、それを反映したものと触れられていました。それが住生活基本法では「居住者の負担能力を考慮」したものとなっています。かつて住宅政策審議会の六七年答申「適正な住居費負担について」では「すべての世帯が適正な住居費負担をもって適正な住宅水準の住宅に居住することができるようにする」として、その後の七五年答申では適正な住居費について「所得第一分位の標準世帯の負担限度をおおむね一五パーセント程度とする」と具体的数値を出していました。そこではかなりアフォーダブル・ハウジングを目指した考えが明らかにされていたのでした。

英国では、家族の必要生計費と収入が必要な居住水準を維持するのに不足しているときは、自治体の家賃助成計画により、住宅手当、家賃減額または地方税減額の居住保障が受けられ、合計六〇〇万世帯以上がそれらの住宅給付保障を受けているとのことです（田端光美『イギリス地域福祉の形成と展開』有斐閣、二〇〇三年）。米国にも家賃補助、住宅税額控除などの制度がありますが、そのように、法的に住居費負担に触れておくのは不可欠の条件でしょう。

第三は、不良住宅の監視と改善のための原則です。木造住宅密集地区の改善はもちろん、今日、住宅市場の中で発生している欠陥住宅や悪質リフォーム、あるいはアスベストなどによるシックハウスなどを監視、改善させるのは居住者保護の観点から欠かせないからです。住生活基本法が「ストック重視」をいうなら、これこそ喫緊の課題であるはずです。

当然のことながら最低居住水準を下回る住宅については、建築を認めない措置を取ることになります。また住宅の広さだけではなく、居室の形状、住宅設備、住環境の基準も設定されるのがのぞましいのはいうまでもありません。

これらをどうチェックするのか。その役割を担うのが(現在の総務省・土地住宅統計調査とは異なった)住宅調査です。そこにはこれまでの調査には含まれなかった収入や住宅費負担額なども入れる必要があります。その調査と並行して、不良・欠陥住宅を発見し、その改善を求める住宅監督の制度、住宅改善を義務づける制度、住宅改善に要する費用の公的助成(英国では「住宅補助金」という)についても触れられなければならないでしょう。これらの措置が盛り込まれなければ、法的に最低居住水準の確保を約束しても、それが実現するはずもないからです。

第四は、居住における差別を禁止し、定住を保障する原則です。ハビタットⅡのアジェンダ(行動指針)は「公平な人間居住とは、すべての人々が民族・肌の色・性別・言語・宗教・政治的あるいは他の意見、出身国家あるいは社会、財産、出生あるいは他の地位によるいかなる形態の差別なしに、住居、インフラ・保健サービス・適当な食糧と水・教育・そして公共の広場への平等なアクセスを持つことである」としています。この国際的合意によれば、居住差別があってはならないし、まま見られる強制的退去や定住を阻害し、居住継続を損なうことがあってはなりません。

第五は、住宅供給計画です。住宅建設を市場経済にゆだねたままにすると、それは地価に応じた土地利用＝業務用建築物の建築という「法則」により、地価の高いところから順に弱者が駆逐されかねません。そうした事態を防ぐには直接供給と間接供給を駆使し、計画的に適切な場所に適切な住宅を建設していく計画が必要です。地域住宅計画がその役割を担うことになります。この計画は住宅数だけでなく、価格(家賃)、質、場所、環境についても触れておくのがのぞましいのはいうまでもありません。

第六は、住居の主体はあくまでも人間であるということです。そのため、国民が自らの住宅や住環境に関わる国、地域の住宅政策に参加し、自分あるいは地域にとってもっとものぞましい政策決定に参加する制度を確立することです。公的賃貸特措法では、地方自治体が地域住宅協議会を設置することができるとしています。この協議会には住宅関連事業者がメンバーになっていますが、地域住民の参加は排除されています。これでは地域住民の真の需要に即した施策は展開できないでしょう。

九〇年前にあった「住居法」の構想

以上、六項目にわたって、あるべき居住権の内容を整理しましたが、実は、ここに挙げた項目のほとんどは、いまから九〇年前の日本において、すでに提案されていたものなのです。一九一九年に当時大阪市長の関一が『建築雑誌』(建築学会、第三三巻三九一号)に「住居法の制定」を求め、その「住居法が規定すべき内容」を発表しています。関は東京商科大学教授を長く務め、英国の都市と住宅政策に明るく、多くの著書を出していますが、請われて大阪市助役に転身し、その後市長になった人物です。大阪の御堂筋《みどうすじ》や日本最初の地下鉄の建設などで知られていますが、むしろ都市問題の理論家として中央とのつながりが深く、当時の内務省官僚らのオピニオンリーダーの役割を果たしていました(ちなみに、この年、後藤新平が内務省官僚や学者を集めて組織した都市研究会により発表された「都市住宅政策と本会の決議」の中で、日本で初めて、基本法としての「住居法」の制定が提案されています)。

その中で関は、「住居法」の規定でもっとも重要なのは住宅の最低限度を定めることであるとし、その最低限度とは「文明国民として必要なる最低の標準」であって、「衛生上風紀上の両方面より定むべく居住者一人当たり居室又は寝室の大きさ則ち気領は最も重要なる事項」であると指摘していました。また次に重要なものとしては、この最低限度に達しない住宅に対する改善策であると述べ、「英国に於いては建物が居住に適せざる程度に於いて健康に危険及び有害なるときは、閉鎖命令によりて使用を禁じ、所有者は三ヶ月以内に建物を除却し、之を移転せざるべからず」と、英国の例を挙げていました。住宅に不適当な地区の改善にも英国を例に触れていて、「此の方法も英国が率先して実行したものであって、一八七五年に制定した法律により、ロンドンその他の都市でスラムの改造を断行した」と紹介していました。

これら住宅改善の目的を達するためには住宅監督制度を設けなければならないとし、関はこの制度は最低限、以下の六項目を備えておくべきであると提案します。すなわち、①住宅の現状を調査し、欠点ある場合にはその除去の方法を講ずること、②完全な建物がその使用方法により不良住宅となるのを予防すること、③住宅が生活の本拠として重要な意義を有することを鼓吹する住宅教育をなすこと、④個々の住宅のみならず、同一地域内の住宅に影響を及ぼす劣悪住宅が出るのを予防すること、⑤直接間接に居住に悪影響を及ぼす非衛生状態を除去すること、⑥住宅の需要供給の状態を調査し、不良住宅に代わるべき家屋の新築を奨励すること、です。

この六項目の中には、広義には住宅監督に入るが、住宅調査、住宅供給と区別したほうがいいかもしれないものも含まれています。しかし、この提案には住宅の最低限基準、住宅（地区）改善、住宅調査、住宅供給まで「住居法」に盛り込むべきだとしていて、その先見性がうかがえるのです。これが九〇年前の提案であるとは、とても思えないといっていいでしょう。

この関の影響を受けていた内務省社会局の官僚は、それから二〇年経った一九三九年に、関東大震災後に国内外からの義捐金によって設立した公共住宅供給機関の同潤会に対し、住居法案の検討を依頼します。同潤会は住居法案要綱作成小委員会をつくって、その検討に入ります。同小委員会は住居法に最低限盛り込まなければならないのは、関が指摘していたのとほぼ同じ住宅水準、住宅監督、住宅費負担、住宅供給の四点であることを確認し、住居法特別研究員会で具体的検討を行います。同研究員会は、その四項目を中心とした「住居法ノ内容トナルベキ事項」までまとめるのですが、しかし、法案要綱を策定するまでには至りませんでした。戦争が激化して、内務省自体が住居法どころではなくなったためです。

こうした歴史的経緯を見ると、あらためてこの間、国が住宅問題に対し、いかに怠慢を続けてきたかがわかります。いま、住生活基本法を右に示した国民の居住権の核心を中心に改めなければならないのは、この怠慢の期間を取り戻すことにほかならないといっていいでしょう。住宅政策の前進はそこから始まるといってもいいすぎではありません。

しかし、これらを法的に確立してもなお心もとない。というのも住生活基本法制定に当たって衆議院、参議院の両国土交通委員会も付帯決議している「住宅弱者」のセーフティネットとしての施策を展開すべきという点が、法律の整備だけでは十分に尽くされているとはいえないからです。法的に国が国民の居住権保障に義務を負う規定を盛り込んだとしても、それが着実に実効されるにはその仕組みが重要になります。その一つが住宅弱者のセーフティネットをどのように張るかであるのはいうまでもありません。それを必要かつ十分なものにするにはどうしたらよいのでしょうか。

2　社会政策への転換

国土交通省所管の弊害

これまでの住宅政策が、住まいなき人たちのセーフティネットを張るのにまったく機能してこなかったことはこれまで見てきた通りです。その原因の一つの例として、たとえば住宅セーフティネット法は国土交通省、ホームレス法は厚生労働省の所管といった縦割り行政があると指摘しました。住宅政策が弱者のためのセーフティネットを用意するには、住宅政策を超えて雇用・賃金などの労働政策、生活保障などの社会保障政策と連動して初めて可能であることは自明なことです。

弱者のためのセーフティネットを軽視してきた背景には、住宅政策が国土交通省所管として、同省が独占して展開していることにあるのはいうまでもありません。戦後直後は、住宅政策は旧厚生省が社会政策の一環として担当してきました。それが建設省の業務として、建設行政の中に繰り込まれてから、景気刺激策のツールに利用されるようになったり、弱者への視点が失われていくことになったのです。

これをもとに戻して、住宅政策を厚生労働省の所管にして、社会政策として取り組ませることが求められているのではないかと考えます。だとしたら、労働政策、社会保障政策とつねに連動した政策の展開が可能になるでしょう。というのも、次に述べるように、旧厚生省はかつて社会政策として住宅政策を展開する意図を有していたこともあるのです。

厚生省「厚生住宅法案」と建設省「公営住宅法案」の対立

戦後、厚生省社会局は生活困難層(生活保護法対象者など)を対象とした低家賃の国庫補助住宅の建設・供給を図ろうと、一九五〇年の時点でその法案、厚生住宅法案を作成します。同省はこの法案を携え予算折衝に入ろうとします。これを建設省が察知、同省からも同様の政策目的の予算要求が出され、五一年度予算においては国庫補助住宅の中に「特に低所得者の用に供する庶民住宅(甲型)」を設けることで決着がつきます。しかし両省とも法案提出にこだわり、厚生省から厚生住宅法案が、建設省から公営住宅法案が国会に同時に提出されることになります。

この厚生住宅法案がどういう意図で用意されたのかについて第一条(目的)をみると、よくわかります。つまり、それは「この法律は、住宅に困窮している国民で、生活の困難なために、一般の方法により住宅を得るみちのない者に対して、その支払い能力に応じた低家賃により、健康で文化的な最低限度の生活水準を維持するに足る住宅を供給し、合わせて生活の維持向上のための指導を行い、もって社会の福祉を増進することを目的とする」というものでした。これを公営住宅法第一条(目的)の「この法律は、国および地方公共団体が協力して、健康で文化的な生活を営むに足りる住宅を建設し、これを住宅に困窮する低額所得者に対して低廉な家賃で賃貸することにより、国民生活の安定と社会福祉の増進に寄与することを目的とする」という文言と比較すれば、前者のほうがより具体的に社会福祉的方向性を表現しているのが理解できるでしょう。

また後者が供給対象について単に「住宅に困窮する低額所得者」としているのに対し、前者は「住宅に困窮している国民で、生活の困難なために、一般の方法により住宅を得るみちのない者」としています。さらに家賃についても後者が単に「低廉な家賃」としているのに対し、前者は「その支払い能力に応じた低家賃」としています。しかも、後者が抽象的にしか触れていない憲法第二五条の規定を受けて前者は「健康で文化的な最低限度の生活水準を維持するに足る住宅を供給する」ことを目的としてうたっています。こうした点などを見れば、両者の決定的な差異が明らかになることでしょう。

そのほか両者が決定的に違ったのは、厚生住宅では建設から管理まで、すべての計画を県の民生部(厚生部)が主管し、家賃、入居者選定、自立のための入居後の生活指導などを社会福祉審議会が行うとしていることでした。つまり、厚生住宅法案の狙いは社会福祉そのものであったと見ることができるのです。一方、公営住宅法案には、そうした発想はまったく希薄でした。

厚生住宅法案のほうは厚生省が提出し、公営住宅法案のほうは衆議院建設委員会で田中角栄議員を委員長とする小委員会で法案を作成し、五一年五月一二日に議員立法として法案を提出しました。こうして両法案が同時に別々の委員会で審議されることになります。厚生委員会は松永仏骨委員長が所用で一四日から一六日まで国会を欠席し(風邪だったという話もあります)、委員会はこの三日間は建設委員会も開催しないよう申し入れを行います。建設委員会もこれを了承し、この間、両者の話し合いによる歩み寄りは行われませんでした。

ところが建設委員会は公営住宅法案を同一五日に委員会可決し、二四日には本会議で可決してしまいました。当時厚生省社会局生活課長補佐をしていた越田得男氏は、大本圭野氏のインタビューに「まさしく陰謀だ」と話しています(大本『証言・日本の住宅政策』)。

厚生省は当然反発し、その後、両省間で最終折衝が行われ、公営住宅に第二種というかたちで低額所得層向けの住宅を受け入れさせることで、当初の意図をかろうじて反映させることになります。しかし、建設省が第二種住宅にあまり熱心でなかったのは前述している通りです。

第一期公営住宅建設三カ年計画で第二種の実施率は五三パーセントに過ぎませんでした。これは住宅政策を建設行政の一環として、あくまで住宅経営という採算の範囲内で進めようとする建設省の意図を反映したものです。建設省官僚が気負ったわりには、そこには社会福祉的観点はあまりなかったと考えざるをえません。この第二種住宅が九六年の公営住宅法の改正で制度そのものが廃止されたのは、その延長線上にあったといっていいでしょう。

社会政策としての管理が待たれる「限界団地」と化す東京・都営戸山団地

住宅行政は社会政策

こうして建設行政（その後は国土交通行政）として展開されてきた住宅行政を社会政策として捉えなおすことが必要です。そのためには、その所管をとりあえず国土交通省から厚生労働省に移す。あるいは閣内に住宅担当相を置いて、住宅政策の一元化を図る。その転換が求められます。

そして具体的には、住宅政策の中

に社会保障として低所得層対象の住宅手当、住宅補助を設け、医療・介護と連携した施策を構築する、雇用をはじめとする労働政策との連携により、失業や離職に対応しうる居住確保、居住継続を保障する。こうした居住セーフティネットを張らなければならないのではないでしょうか。つまり、職を失っても住み続けられる、生活保護を受けるまでもなく居住が保障される、それが緊急措置としてではなく、継続的な制度として存在することが必要です。その大前提となるのは、英国で一九四〇年代にベヴァリッジが行った提言の中心部分である完全雇用の実現にあるのはいうまでもありませんが、とりあえずは厚生労働省のもとで、それらの一体的な取り組みを急がなければならないでしょう。

これまでなぜ、こうした点に目が向けられなかったのか、政党、労働組合、経済界、学者・研究者を含めて私たちに突きつけられている課題は大きいといわなければなりません。

これまでの戦後の住宅政策にきわめて大きな影響力を発揮してきたのは、公営住宅法制定時の田中角栄、バブルを引き起こし、特殊法人改革の端緒を開いた中曽根康弘、実際の特殊法人改革を行い、同時に住宅政策の市場化を進めた小泉純一郎の三人の宰相でした。住宅政策を社会政策に転換させるのは、この田中・中曽根・小泉的発想からの転換をも意味しているといえます。

3 住宅政策実現の主体

住宅政策の地方分権

社会政策としての住宅政策が定めた目標の実現に当たる主体が、まず地方自治体でなければならないのはいうまでもありません。国でも都道府県でもなく市町村です。市町村こそ地域の住宅事情、その需給実態を熟知しているからにほかなりません。実は、そのことは法的にも可能になっているのです。

公的賃貸特措法は、公的資金住宅(地方公共団体が整備する住宅、都市再生機構、地方住宅供給公社の賃貸住宅、特定優良賃貸住宅、高齢者向け優良賃貸住宅等――第二条)を、都道府県や市町村、機構、公社などにより組織できる「地域住宅協議会が作成できる地域住宅計画」に基づき「整備する」(第四～六条)ことができるとしています。ここでは「できる」を繰り返し、できなくてもいいといったニュアンスも感じられるのが気になりますが、この「できる」とあるのを活用して、市町村は地域の住宅計画を策定しなければなりません。

この特措法では、この地域住宅協議会に住民が参加できる規定にはなっていませんが、ここに住民が参加することを各自治体が保障することがまず必要です。地域住民を交えた協議会が、地域の実態に即した住宅計画を策定する。つまり、これは住宅政策の地方分権といっていいでしょう。

地域住宅計画と地域福祉計画との連携

もちろん、この地域住宅計画は市町村の他の計画と整合性を図る必要があるのはいうまでもありません。市町村の計画には都市計画のような法定計画に始まり、商工業振興計画、施設整備計画などいろいろありますが、ここで地域住宅計画がもっとも整合性を図らなければならないのは、地域福祉計画との関係でしょう。

地域福祉計画は、社会福祉法第一〇七条(市町村地域福祉計画)に規定されている法定計画で、そこでは「地域福祉の推進」のために「①地域における福祉サービスの適切な利用の推進に関する事項、②地域における社会福祉を目的とする事業の健全な発達に関する事項、③地域福祉に関する活動への住民の参加の促進に関する事項」を一体的に定めた地域福祉計画を定める、としています。

つまり、市町村の地域福祉計画とは住民参加を前提とした、地域における包括的社会サービスを進めるための計画であるといえます。また同条は、地域福祉計画は地方自治法第二条第四項に規定する基本構想に即すると位置づけていますが、この基本構想とは市町村総合計画ないし基本計画のことを指しています。とすれば当然、市町村基本構想の中の他の計画との整合性、連携が求められるわけで、ここに地域住宅計画との整合性を図る必然性が生じてきます。

社会保障審議会福祉部会によると、地域福祉計画の対象は単なる福祉サービスにとどまらず、教育、就労、住宅、交通、環境、まちづくりなどの生活関連分野がすべて含まれることになります。このことは地域福祉計画の側からいっても、地域住宅計画と連携しなければ、それを地域の福祉マスタープランとすることは不可能であることを指しています。現にたとえば東京都八王子市の地域福祉計画などを見ると、地域内の福祉的公営住宅の供給計画を含めたものになっています。先進的な自治体ではすでに住宅計画も入れた地域福祉計画を策定しているのです。この地域福祉計画と整合性を図った、あるいは連動した地域住宅計画とは、居住を中心に据えたまちづくり計画、あるいは地域再生計画にほかなりません。

地域住宅計画に期待されているのは、公営住宅を含めて公的賃貸住宅をどう整備していくかということでしょう。さらに地域内に存在する生活保護世帯など低所得層の居住改善を図るための方策を立てること、地域住民の居住セーフティネットを構築することでしょう。自治体が公営住宅を建設・供給するのはきわめてきびしい状況ですが、これをどう打開したらよいか、ということも地域住宅計画の課題です。公営住宅建設のために国が自治体に対し行っているのはわずかな交付金ですが、住宅政策の地方分権を根拠に、これを住宅関連三法改正前の補助金程度まで戻させることが可能ならば、事態はよほど変わってくるに違いありません。

URと地方住宅供給公社の役割

公営住宅以外の公的賃貸住宅は、英国や米国の非営利法人と同様の性格をもつ都市再生機構（UR）と地方住宅供給公社が建設・供給・管理に当たることになります。したがってまず、特殊法人改革によって発足したURが、その業務として新規賃貸住宅の建設は行わないとしたのを改めさせなければなりません。

URの事業は民間支援に特化して行われていますが、国がこのURに出資している金は、多くは国民の税金です。その貴重な金を民間の再開発の支援や、その条件整備、民間との共同事業などに使わせることはありません。この金は、なお居住確保と居住水準改善に苦吟している世帯のために、需給実態に合わせて、新規賃貸住宅の建設に向けられるべきでしょう。どこに、どういう賃貸住宅を建設・供給するかは市町村の地域住宅協議会が決めることです。

同様に地方住宅供給公社の役割も、地域の賃貸住宅供給に当たる原点に戻させなければなりません。前述しているように、かつて東京都住宅供給公社は、九〇〇〇万円強の分譲住宅を売り出して顰蹙《ひんしゅく》を買ったことがあります。正確にいうと場所は新宿区西早稲田の再開発による二棟七九戸、最高九七九八万円、最低五二一二万円、平均七八八九万円です。二〇戸が売れ残り、公社はこれを不動産会社を通じてサブリースし、月額平均一七万八〇〇〇円で賃貸住宅化しています。公社がこのようなデベロッパーと化す必要はないのです。

公社もまた、本来の法の趣旨に沿って、地域における賃貸住宅の建設・供給に専念し、地域に貢献すべきでしょう。そのための財源を自治体(この場合は東京都)が保証する必要があるのはいうまでもありません。東京都にその金がないわけではありません。金の配分を都民サイドに立って行えば、その財源保証は可能なはずです。公社も地域住宅協議会の計画に沿って、その業務を行うことにより、URとともに地域に密着した住宅供給機関に脱皮することもできるでしょう。

東京都住宅供給公社が販売した新宿区西早稲田の超高級集合住宅

英国で地域の住宅供給に当たっているのは、URや公社のような非営利法人であることを思い出しましょう。ドイツについては触れませんでしたが、ドイツで社会住宅の建設・供給に当たっているのも一貫して、各州、各都市にある非営利法人で、国と地域の住宅政策を進める重要な役割を果たしているのです。

NPOへの期待

非営利機関といえば、最近、注目されているのは、民間の非営利団体（NPO）による住宅の建設・供給です。NPO法人は約三万六〇〇〇ありますが、「官から民へ」のかけ声で年々増えてきており、住宅に関わる団体も増えてきています。

その状況を海老塚良吉氏が報告していますが（『NPOが豊かにする住宅事業』筒井書房、二〇〇九年）、その事業はコーポラティブ住宅、高齢者住宅、ホームレス住宅事業と実に多彩な分野におよんでいます。ちなみにコーポラティブ住宅とは、希望者が集まって組合をつくり、事業主となって自分たちの希望に沿った住宅を建てるものです。このNPOによる住宅事業は、英国や米国では盛んですが、日本の場合はまだ小規模な事業にとどまっているのが現状です。

なぜでしょうか。その理由の一つとしては、日本ではなお、NPOに対する一般の信頼感が醸成されていないことが挙げられます。さらに大きな理由は、資金が不足していることにあります。つまりNPO自体が零細企業なのです。全国のNPOが集まる日本サードセクター経営者協会によると、有償の事務局スタッフを置き、十分な活動ができる目安となる事業規模三〇〇〇万円以上を満たす団体は一四パーセント強だといいます（『東京新聞』二〇〇九年五月九日付）。

これではなかなか巨額の費用がかかる住宅事業はできません。したがってNPOが事業を円滑に進めるには、国や自治体による資金的サポートが不可欠ということになります。

すなわち、この問題も地域住宅協議会による検討において、地域住宅計画にNPOを参加させることにより打開の道が開かれないかと考えます。そうして、資金的援助を行うことが可能になれば、NPOはとくに地域福祉計画に沿った高齢者や単身者を対象にした福祉的集合住宅の建設・供給などには力を発揮しうるのではないでしょうか。日本のNPOが直ちに英国や米国のNPO並みに成長していくのは難しいでしょう。しかし、そうしてかれらが単なる「官から民へ」の「民」ではなく、新たな「公」の役割を担うことになれば、いずれ地域住宅計画への貢献を期待できる存在になりうるのではないかと思います。

一人一人の主体としての役割

住宅政策を国民のものに転換させるには、そこに「公」の役割を自治体レベルで復権させることしかないと思いますが、しかし、住宅政策を進める主体は「公」であるとともに私たち自身でもあるというのが、自らを振り返った私の率直な思いです。私たちは、持ち家か賃貸かといった単純な議論を一般化させただけで、政府の住宅政策のままに流されてこなかっただろうかという思いがあるからです。一億総中流化の過程で国の住宅政策に疑問の声をあげた人びとがどれだけいたか。おそらく、そういう苦い思いをせざるをえない人が多いでしょう。

日本の場合、必ずしも居住権運動が大きなエネルギーとなることがなく、政府や国会を動かすことがなかったのはおそらく、私たちが政策推進の主体であることを放棄してきたからで、それが逆に政府に思うままの政策化を許してきたのでしょう。UR住宅や公営住宅入居者、あるいは借家人による団体も自治会活動などを通じてさまざまなアピールを行ってはいるが、それを真摯に受け止めるところがないのが現実です。つまり国会などは住宅問題をマイナーな問題としか捉えてきませんでした。だから、まずかれらに住宅問題、住宅政策を優先課題と受けとめさせることが大事です。

そのためにはどうしたらいいか、主体としての私たちが考えなければならない課題もまた山積しているように思われます。しかし、これに立ち向かわなければ将来への展望は開かれません。これは、私たちの覚悟も問われているということにほかなりません。

4　それぞれのセーフティネットの構築

「ハウジングプア」を解消するために

ここまで検証してきた、住宅政策を転換させるための視点を踏まえたうえで、いま早急に対応すべき問題は何でしょうか。さらに具体的に考えてみたいと思います。当面、もっとも緊急を要するのが「ハウジングプア」に陥っている人たちに対するセーフティネットを構築することであるのはいうまでもありません。私は、この節のタイトルを「それぞれの」としましたが、それにはわけがあります。すなわち、二つの意味を込めて、セーフティネットについて触れておきたいからです。

一つは住宅政策を前進させるべき主体として国、自治体、ＮＰＯを含めた私たち市民のそれぞれが、どういうセーフティネットを構築することができるかということです。もう一つは、「ハウジングプア」にある人たちがそれぞれ、どういうセーフティネットを待ちのぞんでいるかということです。この二つが同時に実現して初めて、有効なセーフティネットが張られることになります。

「ハウジングプア」の実態はさまざまです。それを整理するとおそらく、次のようにまとめられるでしょう。①現に住まいなき状態にある人たち、②住宅費負担に困っている人たち、③不良・欠陥住宅に居住していて生命の危険にさらされている人たち、④高齢低所得層で孤独にさいなまされている人たち。大きく、この四つに分けられるでしょう。もちろん、これらの人たちに対し、その実態に対応して当面の居住を保障しうるセーフティネットを構築するだけでは不十分です。つねにセーフティネットが存在していて、「ハウジングプア」に陥る人が出ない社会をつくらなければなりません。

では、現に「ハウジングプア」の状況にある人たちに対する住まいのセーフティネットは張られているのかどうか。また国、自治体などの政策主体はこの時点でどういうセーフティネットを設定すべきなのか。さらに将来的にはどういう永続的セーフティネットを構築すべきなのか。それらについて考えていく必要があります。

住まいなき人たちへのセーフティネット

いうまでもなく、セーフティネットでもっとも緊急を要するのは住まいなき人たちに対するものです。年越し派遣村に集まった人たちに対し、政府は公営住宅や雇用促進住宅への斡旋を行いましたが、これが一時しのぎのものでしかなかったのは、すでに指摘してきた通りです。では、ほかにセーフティネットはあるのでしょうか。生活保護法受給者に対するものがあることはあります。

前述したように、東京都では自立援護を目的にした保護施設が一〇カ所(定員九〇一人)あるものの、常時満室の状況で、入所するには六～一〇カ月待たなければなりません。ほかに救護施設一〇施設(定員九〇一人)、宿所提供施設が六施設(定員五一一人)、特別区宿泊施設一一施設(定員八二五人)がありますが、これも常時満室状態です。しかも増設の予定はありません。住まいを失っても、受け入れてもらえるところがないのが実情です。そこで役所は第二種社会福祉事業として委託している、無料または低額料金の民間の宿泊施設を斡旋するしかありません。

その民間宿泊所は〇八年の時点で、都内に一七〇施設(定員五二五〇人)ありますが、実はこれが「貧困ビジネス」になっているのです。つまり、入所するさいに施設事業者に生活保護費が入金される通帳を預けることが慣習化されていたり、本人が生活保護費を受け取る役所で、同行してきている施設職員に受け取ったばかりのお金を徴収されたり、本人には保護費のごく一部しか入らない仕組みの施設が少なくないのです。これらの施設の多くは、木造賃貸アパートなどを利用して運営されているケースがほとんどで、しかも一人の管理人が数十人の入所者を世話している施設が多いといいます。これがセーフティネットといえるはずもありません。

しかし、生活保護費を支給する自治体は、こうした宿泊所が単なる届出で開所できるので、その運営実態を把握していません。こうした施設が住まいなき人たちをいかに食い物にしてビジネスを成立させているかは、〇四年に一三二施設(定員三七〇〇人)だったのが四年あまりで一七〇施設に増えている(東京自治研センター「生活保護を変える東京提言」二〇〇七年)ことからもうかがえます。こう見てくると、住まいそのもののセーフティネットはないに等しいといっていいでしょう。国にも自治体にもないに等しい。住宅運動団体などによる「国民の住まいを守る全国連絡会」が、年越し派遣村が出現する一年以上も前の〇七年一〇月に、当時の冬柴鐵三国土交通相に、住宅セーフティネット構築の要請書を出していますが、もちろんこれが顧みられることはありませんでした。

地元、住民、学生たちの取り組み

不良・欠陥住宅に住んでいて住宅改善を渇望している世帯などに対しては、たとえば墨田区京島で、区の公社と商店街など地元の人たちによる「まちづくりセンター」が独自の事業をしていることが知られています。それは「あなたの住まいづくりを応援します」というもので、近隣の住民に対し、住宅改修、バリアフリーのノウハウの相談のほか、公的融資の斡旋、商店には仮営業所の貸し出しまで行っています。これにより地区内にすでに一〇〇戸以上のコミュニティ住宅(集合住宅を含む)が建設されて住宅改善が図られたといいますから、見上げた地元パワーです。この京島地区が、大地震による被害が心配される都内の木造住宅密集地区の中で、より改善が進んでいるのは、こうした地元パワーによるセーフティネットが機能しているからにほかなりません。しかし、こうした例はまだまだ少ないのが実情です。

単身高齢者に対してセーフティネットを張ろうとする試みは徐々に広がってきてはいます。新宿区の都営戸山団地における専用端末機によるホットラインの設置、あるいは千葉県松戸市のUR常盤平団地における同様の試みがなされています。その他にも、川崎市宮前区の市営野川西団地における入居者各自の連絡票づくり、東京都北区の都営桐ヶ丘団地で始まったミニデイホームなどもあります。これらはすべて入居者自身によるものです。

板橋区のUR高島平団地では、近くの大東文化大学による「高島平再生プロジェクト」が開始されています。これは大学と団地に住む人たちが共同で地域活性化に取り組もうというプロジェクトです。高齢者の多い団地を少しでも若返らせようという意図のもと、団地内住宅を借り上げて学生のルームシェアをまず行いました。

墨田区京島の「まちづくりセンター」

空き室を利用して、留学生や住宅に困っている学生数人が一室で暮らす。これにより学生は安い家賃で住まいを確保できる。近隣の高齢者入居者にとっては隣に若い人が居住していることによって、いざというときに頼れることになる。まだ数は少ないのですが、大学ではこれを徐々に広げていきたいといっています。これは空き室対策としてURにとっても有効なはずです。

大学ではそのほかに、団地内商店街の空き店舗を借りて「コミュニティ・カフェ・サンク」をつくったりしています。これは団地の高齢者の立ち寄り場所で、団地住民を対象にしたミニFM放送の設備も備えています。これらにより団地の高齢者の安心と安全を確保しようというわけです。大学はこのプロジェクトに一〇〇〇万円を費やしたといいます。幸い、このプロジェクトは〇七年度、文部科学省に地域活性化プロジェクトとして採用され、助成金が出たとのことで、こうしたプロジェクトを発想した大学や学生は賞賛に値するでしょう。

現に住宅費の支払いに困っている人たちに対しては、住宅金融公庫の後身である独立行政法人住宅金融支援機構が旧公庫利用者に対して、債務償還期限の延長を認める措置をとっているほかに、セーフティネットを用意している例はありません。さまざまな「ハウジングプア」の人たちを対象に〇九年春、法律家や労組などの支援者による「住まいの貧困に取り組むネットワーク」が設立されましたが、その活動はこれからといっていいでしょう。

雇用促進住宅と国家公務員宿舎の空き室の活用

では、「これから」どのようなセーフティネットが張られるべきか。それはおそらく、国、自治体、市民などがすぐできることと、長期的に法制度を改めることも視野に入れて取り組むべきことに分けて考える必要があるでしょう。

それらセーフティネットで、すぐ取り組まなければならないのはどのようなものでしょうか。その第一が住まいなき人たちに対し、その人権を保障しうる住宅を用意することであるのはいうまでもありません。

まず国は住宅セーフティネット法でいう「住宅確保要配慮者」に対し、法律の趣旨に沿って、誠実に住宅の確保と保障に力を注ぐべきです。そのためには当面、雇用促進住宅と国家公務員宿舎の空き室を生活保護とセットにして全面的に開放するのが効果的でしょう。

雇用促進住宅は全国一五〇〇カ所余りに計一四万戸あります。政府は二〇二一年までに全廃の方針でいますが、これを廃止する必要がないのはいうまでもありません。一方、国家公務員宿舎は財務省所管のものが全国に約九万戸、他省庁所管のものが計一四万戸あります。都心に立地している高級公務員用のものはともかく、そう遠くない周辺地区のものは、公務員の持ち家志向が進んでいるために、空き室が増えている場合が多いのです。そのストックの多さにあらためて驚きますが、これらを安い家賃で転用することは、厚生労働省と財務省が利用変更の手続きをすれば、そう難しいことではないはずです。

自治体による公営住宅の確保

自治体が、公設の無料あるいは低額の施設・宿泊所を地域の実情に対応して増設することも考えられます。米国やフランスでは、こうした施設を民間の利潤追求の手段として認めていません。公設(あるいは教会付属)で無料の「シェルター」(直訳すると「避難所」ですが、「住宅駆け込み寺」のようなもの)として機能させています。そればかりか、フランスの住宅人権法は、そうした施設にいる「ハウジングプア」がよりランクの上の社会住宅に住む権利を認めるものだったことは、すでに述べた通りです。

この施設は別に建物を新たに建設するまでもなく、福祉予算の中から民間のワンルーム集合住宅を借り上げたり、大規模ニュータウン(たとえば多摩ニュータウン)で廃校を予定している学校などを改修して利用すれば可能です。多摩市では廃校する学校の土地や建物を売却して財源にする案を示したことがありましたが、サッチャー政策まがいのそのような手段で一時的な財源を確保するより、市民の人権を確保するのが優先されるべきことはいうまでもありません。

公設のこの施設には社会福祉士や精神保健福祉士を置いて、入所者の自立支援を援助する。もちろん、このような施設は一時的に利用するもので(生活保護には居宅保護の原則があります)、一定期間の後は公営住宅などに入居できるプログラムをつくっておく必要があるでしょう。

さらに自治体は、その公営住宅について世帯主が死亡した場合、妻以外に入居資格の承継ができないこと、あるいは定期借家権を適用して、契約更新時に近傍民間同種家賃に「右へならえ」のように家賃改定を行っているのをすぐに改めるべきでしょう。これらは条例ないし規則を改正すればすむことです。自治体が不動産業者と同じことをする必要はないのです。

ＵＲも、東京都足立区の花畑団地のように民間資本と建替え再開発を予定してストックしている空き室を早速開放すべきでしょう。ＵＲが業務目的を変更すればいいのであって、すでに民間資本と契約していない団地では、すぐにも可能なはずです。政府もことあるたびにストック重視をいっているのですから、このＵＲの方針転換を積極的に応援すべきです。

国民が財政投融資などから資金が入っているＵＲに期待しているのは、民間をまねた「素人経営」で利潤をあげることではなく、国民生活を支援する事業なのです。花畑団地に似た団地は都心へ比較的便利なところにずいぶんあり、古いので家賃が安くなっています。それが、この開放のメリットといえるでしょう。数人によるルームシェアを認めてもよいでしょう。それはいわば、大東文化大学が高島平団地で始めたことの拡大版といえるかもしれません。

このようにして当面さまざまなセーフティネットが張られれば、住まいなき人たちもひとまず安心でき、居住権も最低限保障されることになるでしょう。これら国やＵＲ、自治体のセーフティネットは、政府や自治体首長がその気になりさえすれば、すぐにも実行可能なことが多いのです。それがなかなか実行されないでいるのは、その決断を下せる立場にある人たちに、人権感覚が乏しいのではないかと疑わざるをえません。

住宅費用への支援

中長期的にはどういうセーフティネットを構築すべきでしょうか。その第一は、住宅費負担に喘いでいる人たちに対する援助を法的に用意しなければならないことでしょう。具体的にはまず失業している人たちに対する住宅手当です。

失業していて市町村民税の非課税レベルの低所得者に対し、生活保護の中の住宅扶助を単独給付できるよう生活保護法を改正する。東京二三区の場合、単身者で月額五万三七〇〇円になります。こうした受給者に賃貸住宅を貸している大家に家賃補助をして、家賃を引き下げさせる制度も有効と思われます。これはあわせて、政省令を改正すればできるはずです。これらの援助は受給者が正規労働につき、生活保護基準を上回る収入を得られるまで継続することが必要です。

また賃貸住宅の大家に対し、低額賃貸住宅を供給する意欲を持たせるために低利融資を行うことや補助金を支出することも検討されるべきでしょう。こうした措置が借家人と大家について行われて、初めて住宅セーフティネット法の趣旨も生きてくるというものです。

住宅ローンの返済が難しくなった世帯に対しては、返済猶予、金利低減などの援助を行う法制度をつくる。これらの世帯はアフォーダブルな住宅が公共賃貸住宅にないために、持ち家を取得した低所得層が多いのです。したがって、この援助策はきわめて現実的なものといえます。

さらにアフォーダブルな住宅に住めないでいるすべての人たちを対象にした住宅供給と団地管理の方策を、住宅政策と福祉政策両面から策定し、実行する。それにはまず、公的賃貸住宅特措法による地域住宅交付金の額を大幅に増やすか、前述しているように、これを廃止して以前の補助金制度に戻し、公営住宅を中心にした地域住宅の供給数を増やす必要があります。これにより自治体、地方住宅供給公社、新規賃貸住宅の建設をやめたURがそれぞれ公的賃貸住宅を建設できるようにするのです。

住宅政策を復権させるために

先に全国の公営住宅のストックを二一九万戸と紹介しました（一一三頁参照）。実は、率にして平均四・二パーセントの最低居住水準未満世帯の数は一九五万戸です。このことは公営住宅の数が現在のストックの倍あれば、最低居住水準未満世帯がすっかり解消してしまうことを意味しています。すでに住宅の量的不足は解消しているので、いまや量より質の時代だとはいわれていますが、なお量も必要なわけです。住宅政策が求められているのは「量も質も」なのだといっていいでしょう。

その「質」も単に住宅の規模が大きい、設備がよいということよりも、そこで質の高い安心・安全が享受可能かどうかの水準が問われなければならないのはいうまでもありません。

ここに住宅行政を厚生労働省に移管させる必要性が生じるのですが、しばらくは厚生労働省と国土交通省が連携して、公共住宅団地内に介護拠点、介護老人保健施設、保育施設、授産施設、診療所などを併設して、居住と福祉が一体化した地域を構築する。これが究極のセーフティネットとはいえないにしても、そのような住まいの拠点ができ、いつでも、どこにでも入居可能になれば、高齢単身者になっても、またやむなく職を失うことになっても、住むことに対する安心・安全だけは保障されます。

私たちの多くは、そうした国家社会が形成されることを期待しているのですが、これは市場原理のもとで利潤を追求するのが第一の民間資本ではできないといっていいでしょう。ここに住宅政策がなお公共政策として進められなければならない理由が存在します。その意味で、私たち自身が国や自治体に働きかけ、住宅政策に「公」の役割を復権させなければならないのです。それによって今日の居住貧困・格差・不安の解消が始まるといっていいでしょう。

あとがき

「道路橋梁及河川ハ本ナリ、水道家屋下水ハ末ナリ」。これは、東京府が東京市区改正事業（東京を近代化するための都市計画事業）を始めるにあたり、ときの知事芳川顕正が一八八四年に山県有朋内務卿に送った上申書の中で、その事業の趣旨を述べたものです。「本末論」といわれ続けている有名な文言です。つまり、まず家屋より道路優先。以来、日本では一二〇年以上にわたり、この「本末論」が生き続けてきているのではないか。これが、私が長年、住宅政策についで勉強しながら抱いていた感想です。そのツケが回りまわって、今日の住宅問題となっているように思われます。

戦前戦後を通じて、政治あるいは行政にとって、この「本末論」の意図と同様、住宅問題がマイナーな扱いしかされてこなかったのは本書で述べてきた通りです。しかも問題なことに、研究の分野でも状況は同じだったのです。長年、住宅問題研究は建築、都市計画、あるいは民法、行政法などの研究のサブ的な取り組みが多く、やはりマイナーなものでした。住宅政策が本格的に研究されだしたのは、ごく近年のことになります。

とはいえ、霞が関のお膝元の東京ではあまり進んでいるとはいえません。住宅問題の研究については、西高東低の状況が長く続いているといっていいでしょう。それは何よりも京都大学にいた故西山夘三名誉教授の影響によるところが大きかったと私は思っています。西山さんは、その長い研究生活を通じて持ち家と戸数主義に異議を唱え続け、独自の住宅論を展開してきたので知られています（西山さんは一九五二年、四一歳のときに岩波新書『日本の住宅問題』を書いています）。いま、その西山さんの孫弟子、曾孫弟子が活躍する時代になって、関西からその研究成果を発信しており、教えられるところが多くあります。その孫、曾孫弟子に女性研究者が多いのも喜ばしいことだと思います。

東京には、「西の西山、東の高山」と西山さんと並び称され、東京大学で都市工学科の基礎を築いた故高山英華名誉教授がいたのですが、そのもとからは本格的に住宅問題に取り組む研究者はあまり輩出しませんでした。同名誉教授自身、住宅問題にあまり関心を持たなかったし、国公私立大学を通じて住宅問題に関わるポストがほとんどなかったので、その研究に取り組む若い研究者がなかなか出てきませんでした。その結果、ますます住宅問題はマイナー化していく——その悪循環だったのです。

まれにサブテーマとして取り組む研究者がいても、政府や東京都などの審議会メンバーに入ることが多く、そのため霞が関の見解の域を脱することができない場合が少なくありませんでした。逆に新自由主義を信奉する経済学や都市計画などの研究者が市場原理重視の方向へ住宅政策をリードし、旧建設省がそれらの研究者と住宅問題の学会をつくることに力を入れた時代まであったほどです。これでは住宅政策批判など起こるはずもありません。これが、住宅問題研究の「西高東低」の背景です。本来なら霞が関のお膝元でこそ、住宅政策をより厳しく批判しなければならないはずです。私はそう思って、長年、住宅政策をウォッチし続けてきました。住宅政策はいつまでも「本末論」のままでよいのかをいま問わなければなりません。

そのようにしてウォッチし続けてきたことをまとめたのが本書ということになります。これを構想していたときに年越し派遣村が東京・日比谷公園に出現し、そこに集まった人たちの人権としての居住権がいかに軽視されてきたかを改めて考えさせられました。どうして人びとが住まいを失い、路頭に迷わなければならない事態が生じたのか。また派遣村に集まらないまでも、なぜ今日、居住貧困・格差・不安に直面している人たちが増えてきているのか。それをできるだけ住宅政策の歴史を縦糸に、住宅事情を横糸として語ることによって、住宅政策の問題点を明らかにしてみたいと考えました。

私が住宅政策で主に勉強してきたのは、その政策決定過程の分野でした。その分野に記述が傾斜した部分があるのは、まずそうした理由によります。もちろん、私が住宅事情の隅々にまで精通しているはずもありません。また各国のそれについて、すべてを承知しているほどの博覧強記でもありません。年少の友人たちの知見や情報などに負った部分も少なくなかったことを記しておきたいと思います。西山さんの孫や曾孫弟子たちの研究成果も勉強させていただき、西山さんはまだ生きていると、うれしく思ったものです。

私としては、本書によって住宅問題、とりわけ住宅政策に関心を抱く人が増えることを期待しています。これまで国や自治体、あるいは政治が住宅問題に鈍感だったのは、国民の多くが無関心できたことがその主な理由になっているに違いないからです。関心を持つ人が増えれば増えるほど、そして声をあげる人が増えれば増えるほど、国や自治体も住宅問題をマイナーにしておきにくい状況になるに違いありません。住宅政策策定にあたって緊張感を持って、のぞまざるをえなくなるでしょう。また、政治が国民の声や意識にナイーブにならざるをえない状況がつくられれば、政策を変更せざるをえなくなります。そういう状況が到来するのを期待しつつ本書をまとめました。

本書をまとめるにあたり、岩波新書編集部の田中宏幸さんにお世話になりました。あらためて感謝いたします。

二〇〇九年秋

本間義人

推薦文献リスト

本書の各章の内容について，さらに理解を深めるためには，各章で紹介しているもののほかに次のような論文・著作がありますので，まとめて紹介しておきます．なお外国語原書を除き，順不同で示しています．また，必ずしも本書で引用・参考にしたものとは限りません．

第1章　住む場がなくなる

島本慈子「壊される雇用，根腐れる民主主義——「戦争・災害・住宅」と絡み合う労働格差」『世界』2007年3月号

坂庭国晴「都市機構住宅——なぜ削減・売却・民営化か」『経済』2008年2月号

湯浅　誠「貧困ビジネスとは何か」『世界』2008年10月号

岩田正美「なぜ派遣労働者は「寮」にいるのか——雇用に縛られる日本の「住」」『世界』2009年3月号

第2章　いびつな居住と住環境

ありむら潜『最下流ホームレス村から日本を見れば』居住福祉ブックレット，東信堂，2007年

熊野勝之編著『奪われた居住の権利——阪神大震災と国際人権規約』エピック，1997年

増永理彦『団地再生——公団住宅に住み続ける』クリエイツかもがわ，2008年

五十嵐敬喜・小川明雄『建築紛争——行政・司法の崩壊現場』岩波新書，2006年

岡本祥浩『居住福祉と生活資本の構築——社会と暮らしをつむぐ居住』ミネルヴァ書房，2007年

第3章　居住実態の変容，そして固定化へ

菊池　威『田園都市を解く——レッチワースの行財政に学ぶ』技報堂出版，2004年

西山八重子『イギリス田園都市の社会学』ミネルヴァ書房，2002年

馬場　健『戦後英国のニュータウン政策』敬文堂，2003年

東京都立大学『総合都市研究』第68号「特集 都市直下の地震災害と防災対策」

柴田徳衛編『東京問題』クリエイツかもがわ，2007 年
三井康壽『防災行政と都市づくり』信山社，2007 年
本間義人『現代都市住宅政策』三省堂，1983 年
本間義人「都心再生の死角――木賃密集地域の解消は可能か(福祉と環境の視点から)」『現代福祉研究』第 2 号

第 4 章 「公」から市場へ――住宅政策の変容

原田純孝「戦後住宅法制の成立過程――その政策論理の批判的考察」東京大学社会科学研究所編『福祉国家』第 6 巻(日本社会と福祉)，東京大学出版会，1985 年
大本圭野「福祉国家と日本住宅政策の展開」早川和男編『市民のすまいと居住政策』(「シリーズ自治を創る」3)，学陽書房，1988 年
本間義人『戦後住宅政策の検証』信山社，2004 年
本間義人『どこへ行く住宅政策――進む市場化，なくなる居住のセーフティネット』居住福祉ブックレット，東信堂，2006 年

第 5 章 諸外国に見る住宅政策

海老塚良吉・寺尾仁・本間義人・尹載善『国際比較・住宅基本法――アメリカ・フランス・韓国・日本』信山社，2008 年
堀田祐三子『イギリス住宅政策と非営利組織』日本経済評論社，2005 年
小玉徹・大場茂明・檜谷美恵子・平山洋介『欧米の住宅政策――イギリス・ドイツ・フランス・アメリカ』ミネルヴァ書房，1999 年
高島一夫『世界の借家人運動――あなたは住まいのセーフティネットを信じられますか?』居住福祉ブックレット，東信堂，2007 年
横山北斗『福祉国家の住宅政策――イギリスの 150 年』ドメス出版，1998 年
パット・セイン著，深沢和子・深沢敦監訳『イギリス福祉国家の社会史――経済・社会・政治・文化的背景』ミネルヴァ書房，2000 年
大野輝之，レイコ・ハベ・エバンス『都市開発を考える――アメリカと日本』岩波新書，1992 年
早川和男『人は住むためにいかに闘ってきたか――欧米住宅物語 新装版』東信堂，2005 年
原田純孝・吉田克巳他編『現代の都市法――ドイツ，フランス，イギリス，アメリカ』東京大学出版会，1993 年

第6章　「居住の貧困」を克服できるか
野口定久『地域福祉論――政策・実践・技術の体系』ミネルヴァ書房，2008年
木下聖『地方分権と地域福祉計画の実践――コミュニティ自治の構築へ向けて』みらい，2007年
内田勝一・平山洋介編『講座 現代居住』第5巻(世界の居住運動)，東京大学出版会，1996年
日本都市計画学会編『都市計画の地方分権――まちづくりへの実践』学芸出版社，1999年
大阪市政調査会季刊誌『市政研究』(どうつくる市民のセーフティネット)，2009年冬号
武川正吾「社会政策としての住宅政策」戒能通厚・大本圭野編『講座 現代居住』第1巻(歴史と思想)，東京大学出版会，1996年
坂本重雄「居住の権利と住居保障法」日本社会保障法学会編『講座 社会保障法』第5巻，法律文化社，2001年

主な戦後住宅法制

本文中で詳しく触れている法制については概要を省略しています．法制の概要は国会への政府説明文書によっています．


罹災都市借地借家臨時処理法（1946年法律第13号）　戦災により滅失した建物の借家人の敷地優先賃借権について定める．

住宅金融公庫法（1950年法律第156号）　2005年廃止．

公営住宅法（1951年法律第193号）

産業労働者住宅資金融通法（1953年法律第63号）　健康で文化的な生活を営むに足る社宅を建設しようとする者に対し，社宅の建設に必要な資金の一部を長期かつ低利で融通すること等について定める．

日本住宅公団法（1955年法律第53号）　1999年廃止．

住宅融資保険法（1955年法律第63号）　住宅の建設等に必要な資金の融通を円滑にするため，金融機関の住宅の建設等に必要な資金の貸付につき保険を行う制度について定める．

住宅地区改良法（1960年法律第84号）　不良住宅が密集する地区の改良事業に関し，事業計画，改良地区の整備，改良住宅の建設等について定める．

地方住宅供給公社法（1965年法律第124号）　住宅不足の著しい地域において，住宅を必要とする勤労者の資金を受け入れ，これをその他の資金とあわせて活用して，これらの者に居住環境の良好な集団住宅及びその用に供する宅地を供給する機関である地方住宅供給公社について定める．

住宅建設計画法（1966年法律第100号）　2006年廃止．

日本勤労者住宅協会法（1966年法律第133号）　勤労者が蓄積した資金をその他の資金とあわせて活用して，勤労者に居住環境の良好な住宅及びその用に供する宅地を供給する機関である日本勤労者住宅協会について定める．

勤労者財産形成促進法（1971年法律第92号）　勤労者の貯蓄の促進，持ち家取得の促進等について定める．

特定市街化区域農地の固定資産税の課税の適正化に伴う宅地化促進臨時措置法（1973年法律第102号）　特定市街化区域農地の固定資産税の課税の適正化を図るに際し，あわせて特定市街化区域農地の宅地化を促進するため行われるべき事業の施行，資金に関する助成，

租税の軽減等について定める．

大都市地域における住宅及び住宅地の供給の促進に関する特別措置法（1975年法律第67号）　大都市地域における住宅及び住宅地の供給を促進するため，住宅市街地の開発整備の方針等について定めるとともに，土地区画整理促進区域及び住宅街区整備促進区域内における住宅地の整備又はこれとあわせて行う中高層住宅の建築並びに都心の地域及びその周辺の地域において良質な共同住宅を供給する都心共同住宅事業について必要な事項を定める．

特定優良賃貸住宅の供給の促進に関する法律（1993年法律第52号）　中堅所得者等の居住の用に供する居住環境が良好な賃貸住宅の供給を促進するため，都道府県知事による供給計画の認定，特定優良賃貸住宅の建設等に係わる助成等について定める．

被災市街地復興特別措置法（1995年法律第14号）　大規模な火災，震災その他の災害を受けた市街地について，その緊急かつ健全な復興を図るため，被災市街地復興地域及び被災市街地復興推進地域内における市街地の計画的な整備改善並びに市街地の復興に必要な住宅の供給について必要な事項を定める．

密集市街地における防災街区の整備の促進に関する法律（1997年法律第49号）　防災上危険な密集市街地において，防災に関する機能の確保と土地の合理的かつ健全な利用を図るため，計画的な再開発又は開発整備による防災街区の整備を促進するために必要な措置について定める．

優良田園住宅の建設の促進に関する法律（1998年法律第41号）　多様な生活様式に対応し，かつ，潤いのある豊かな生活を営むことができる住宅が求められている状況にかんがみ，農山村地域，都市の近郊等における優良な住宅の建設を促進するための制度について定める．

都市基盤整備公団法（1999年法律第76号）　2004年廃止．

住宅の品質確保の促進等に関する法律（1999年法律第81号）　住宅の品質確保の促進，住宅購入者等の利益の保護及び住宅に係わる紛争の迅速かつ適正な解決を図るため，住宅の性能に関する表示基準及びこれに基づく評価の制度を設け，住宅に係わる紛争の処理態勢を整備するとともに，新築住宅の請負契約又は売買契約における瑕疵担保責任について特別の定めをする．

良質な賃貸住宅等の供給の促進に関する特別措置法（1999年法律第153号）　良質な賃貸住宅等の供給を促進するため，国及び地方公

共団体が必要な措置を講ずるよう努めることや，定期建物賃借制度の創設等について定める．

マンションの管理の適正化の推進に関する法律（2000年法律第149号）　マンションにおける良好な居住環境の確保を図るため，マンション管理士資格の創設，マンション管理業者の登録制度の実施等について定める．

高齢者の居住の安定確保に関する法律（2001年法律第26号）　高齢者の居住の安定の確保を図るため，高齢者の円滑な入居を促進するための賃貸住宅の登録制度，良好な居住環境を備えた高齢者向けの賃貸住宅の供給の促進のための制度及び終身建物賃貸借制度の創設等について定める．

マンションの建替えの円滑化等に関する法律（2002年法律第78号）　老朽化マンションの急増に対応して，区分所有者による良好な居住環境を備えたマンションへの建替えの円滑化を図るため，マンション建替え組合の設立，権利変換手法による関係権利の円滑な移行等を内容とする制度を定める．

独立行政法人都市再生機構法（2003年法律第100号）

地域における多様な需要に応じた公的賃貸住宅等の整備等に関する特別措置法（2005年法律第79号）

独立行政法人住宅金融支援機構法（2005年法律第82号）

住生活基本法（2006年法律第61号）

高齢者，障害者等の移動等の円滑化の促進に関する法律（2006年法律第91号）　高齢者，障害者等の自立した日常生活及び社会生活を確保することの重要性にかんがみ，建築物の構造及び整備を改善するための制度や，建築物等及びこれらの間の経路を構成する道路等の一体的な整備を推進するための制度等について定める．

特定住宅瑕疵担保責任の履行の確保に関する法律（2007年法律第66号）　住宅を新築する建設工事の発注者及び新築住宅の買主の利益の保護並びに円滑な住宅の供給を図るため，住宅に瑕疵があった場合における瑕疵担保責任の履行の確保に必要な諸制度について定める．

住宅確保要配慮者に対する賃貸住宅の供給の促進に関する法律（2007年法律第112号）　低額所得者，被災者，高齢者，障害者，子どもを育成する家庭その他の住宅確保要配慮者に対する賃貸住宅の供給の促進を図るため，基本方針その他の施策の基本となる事項を定める．

本間義人

法政大学名誉教授．
1935年東京都生まれ．早稲田大学卒業．毎日新聞社編集委員，九州大学大学院教授を経て，2006年3月まで法政大学教授
専門分野は都市・住宅政策，国土・地域政策
1984年東京市政調査会藤田賞特別賞受賞
都市・住宅政策に関する主要著作
『内務省住宅政策の教訓』(御茶の水書房)
『自治体住宅政策の検討』(日本経済評論社)
『戦後住宅政策の検証』(信山社出版)
『どこへ行く住宅政策』(東信堂)
『国際比較・住宅基本法』(共著，信山社出版) など
国土・地域政策に関する主要著作
『地域再生の条件』(岩波新書)
『まちづくりの思想』(有斐閣)
『国土計画の思想』(日本経済評論社)
『国土計画を考える』(中公新書) など

居住の貧困　　岩波新書(新赤版)1217

2009年11月20日　第1刷発行

著　者　本間義人《ほんまよしひと》

発行者　山口昭男

発行所　株式会社 岩波書店
〒101-8002 東京都千代田区一ツ橋2-5-5
案内 03-5210-4000　販売部 03-5210-4111
http://www.iwanami.co.jp/

新書編集部 03-5210-4054
http://www.iwanamishinsho.com/

印刷製本・法令印刷　カバー・半七印刷

ISBN 978-4-00-431217-8　　Printed in Japan

岩波新書新赤版一〇〇〇点に際して

ひとつの時代が終わったと言われて久しい。だが、その先にいかなる時代を展望するのか、私たちはその輪郭すら描きえていない。二〇世紀から持ち越した課題の多くは、未だ解決の緒を見つけることのできないままであり、二一世紀が新たに招きよせた問題も少なくない。グローバル資本主義の浸透、憎悪の連鎖、暴力の応酬——世界は混沌として深い不安の只中にある。

現代社会においては変化が常態となり、速さと新しさに絶対的な価値が与えられた。消費社会の深化と情報技術の革命は、種々の境界を無くし、人々の生活やコミュニケーションの様式を根底から変容させてきた。ライフスタイルは多様化し、一面では個人の生き方をそれぞれが選びとる時代が始まっている。同時に、新たな格差が生まれ、様々な次元での亀裂や分断が深まっている。社会や歴史に対する意識が揺らぎ、普遍的な理念に対する根本的な懐疑や、現実を変えることへの無力感がひそかに根を張りつつある。そして生きることに誰もが困難を覚える時代が到来している。

しかし、日常生活のそれぞれの場で、自由と民主主義を獲得し実践することを通じて、私たち自身がそうした閉塞を乗り超え、希望の時代の幕開けを告げてゆくことは不可能ではあるまい。そのために、いま求められていること——それは、個と個の間で開かれた対話を積み重ねながら、人間らしく生きることの条件について一人ひとりが粘り強く思考することではないか。その営みの糧となるものが、教養に外ならないと私たちは考える。歴史とは何か、よく生きるとはいかなることか、世界そして人間はどこへ向かうべきなのか——こうした根源的な問いとの格闘が、文化と知の厚みを作り出し、個人と社会を支える基盤としての教養となった。まさにそのような教養への道案内こそ、岩波新書が創刊以来、追求してきたことである。

岩波新書は、日中戦争下の一九三八年一一月に赤版として創刊された。創刊の辞は、道義の精神に則らない日本の行動を憂慮し、批判的精神と良心的行動の欠如を戒めつつ、現代人の現代的教養を刊行の目的とする、と謳っている。以後、青版、黄版、新赤版と装いを改めながら、合計二五〇〇点余りを世に問うてきた。そして、いままた新赤版が一〇〇〇点を迎えたのを機に、人間の理性と良心への信頼を再確認し、それに裏打ちされた文化を培っていく決意を込めて、新しい装丁のもとに再出発したいと思う。一冊一冊から吹き出す新風が一人でも多くの読者の許に届くこと、そして希望ある時代への想像力を豊かにかき立てることを切に願う。

（二〇〇六年四月）